Y 1628

I0156287

Ⓒ

645

POLIEVCTE
MARTIR

POLYEVCTE

MARTYR·

TRAGEDIE·

A PARIS,

Chez

{ ANTOINE DE SOMMAVILLE, en
la Gallerie des Merciers, à l'Escu
de France.

&

AVGVSTIN COVRBE', en la mesme
Gallerie, à la Palme. }

{ Au Pa-
lais. }

M. DC. XLIII.

AVEC PRIVILEGE DV ROY.

A
LA REINE
REGENTE.

MADAME,

Quelque connoissance que i'aye de
ma foiblesse, & quelque profond respect
qu'imprime vostre Majesté dans les
ames de ceux qui l'approchent, i'auoüe
que ie me iette à ses piés sans timidité &
sans deffiance, & que ie me tiens asseuré

de luy plaire, parce que ie suis asseuré de luy parler de ce qu'elle ayme le mieux. Ce n'est qu'vne piece de Theatre que ie luy presente, mais qui l'entretiendra de Dieu : la dignité de la matiere est si haute que l'impuissance de l'artisan ne la peut raualer, & vostre ame Royale se plaist trop à cette sorte d'entretien, pour s'offenser des defauts d'vn ouurage où elle rencontrera les delices de son cœur. C'est par là MADAME, que i'espere obtenir de Vostre Majesté, le pardon du long-temps que i'ay attendu à luy rendre cette sorte d'hommages : Toutes les fois que i'ay mis sur nostre Scene des Vertus Morales ou Politiques, i'en ay toujours creu les tableaux trop peu dignes de paroistre deuant elle, quand i'ay consideré qu'auec quelque soin que ie les peusse choisir dans l'Hiſtoire, & quelques ornemens dont l'artifice les peuſt enrichir, elle en voyoit de plus grands exemples dans elle-meſme. Pour rendre les choſes pro-portionnées, il falloit aller à la plus hau-te eſpece, & n'entreprendre pas de rien offrir de cette nature à vne Reyne Tres-Chreſtienne, & qui l'eſt beaucoup plus encor par ſes actions que par ſon titre, à moins que de luy offrir vn portrait des vertus Chreſtiennes, dont l'amour & la gloire de Dieu formaſſent les plus beaux traits, & qui rendiſt les plaiſirs qu'elle y pourra prendre auſsi propres à exercer ſa pieté qu'à delaſſer ſon eſprit. C'eſt à cette extraordinaire & admirable pie-té, MADAME, que la France eſt rede-uable des benedictions qu'elle voit tomber ſur les premieres armes de ſon Roy, les heureux ſuccés qu'elles ont obtenus en font les retributions éclatantes, & des coups du Ciel qui répand abondamment fur tout le Royaume les récompenfes & les graces que voftre Majefté a meritées. Noftre perte fembloit infaillible apres celle de noftre grand Monarque. Toute l'Europe auoit defia pitié de nous, & s'imaginoit que nous nous allions precipiter dans vn extréme defordre, parce qu'elle nous voyoit dans vne extréme defolation. Cependant la prudence & les foins de V. M. les bons confeils qu'elle a pris, les grands courages qu'elle a choifis pour les executer, ont agi fi puiffamment dans tous les befoins de l'Eftat, que cette premiere année de fa Regence a non feulement égalé les plus glorieufes de l'autre regne, mais à mefmes effacé par la prife de Thionuille, le

fouuenir du mal-heur qui deuant fes
murs auoit interrompu vne fi longue
fuite de victoires. Permettez que ie me
laiſſe emporter au rauiſſement que me
donne cette penſée, & que ie m'écrie
dans ce tranſport :

Que vos foins, grande REINE, enfantent de
    miracles !
Bruxelles & Madrid en font tous interdits,
Et fi noftre Apollon me les auoit predits,
I'aurois moy-mefme ofé douter de fes oracles.
    Sous vos commandemens on force tous obftacles,
On porte l'épouuante aux cœurs les plus hardis,
Et par des coups d'eſſay vos Eftats agrandis
Des drapeaux ennemis font d'illuftres ſpectacles.
    La Victoire elle-mefme accourant à mon Roy,
Et mettant à fes pieds Thionuille & Rocroy,
Fait retentir ces vers fur les bords de la Seine.
    France, atten tout d'vn regne ouuert en triom-
        phant,
Puis que tu vois defia les ordres de ta Reyne
Faire vn foudre en tes mains des armes d'vn Enfant.

Il ne faut point douter que des com-
mencemens fi merueilleux ne foient

                                é

soustenus par des progrez encor plus
estonnans ; Dieu ne laisse point ses
ouvrages imparfaits, il les acheuera,
MADAME, & rendra non seulement la Regence de V. M. mais encor toute sa vie vn enchaisnement con-
tinuel de prosperitez. Ce sont les vœux
de toute la France, & ce sont ceux que
fait auec plus de zele,

MADAME,

De Vostre Majesté,

Le tres-humble, tres-obeissant, &
tres-fidelle seruiteur & sujet,

CORNEILLE.

ABREGE DV MARTYRE

DE

S. POLYEVCTE

ESCRIT PAR SIMEON META-
phraste, & rapporté par Surius.

'Ingenieuse tissure des fictions auec la
verité, où consiste le plus beau secret
de la Poësie, produit d'ordinaire deux
sortes d'effets, selon la diuersité des es-
prits qui la voyent. Les vns se laissent si
bien persuader à cet enchaisnement,
qu'aussi tost qu'ils ont remarqué quel-
ques euenemens veritables, ils s'imaginent la mesme chose des motifs qui les font naistre, & des circonstances qui
les accompagnent: les autres mieux aduertis de nostre artifice, soupçonnent de fausseté tout ce qui n'est pas de leur
connoissance, si bien que quand nous traitons quelque
Histoire écartée dont ils ne trouuent rien dans leur souue-
nir, ils l'attribuent toute entiere à l'effort de nostre imagi-
nation, & la prennent pour vne auanture de Romant.

é ij

L'vn & l'autre de ces effets seroit dangereux en cette rencontre, il y va de la gloire de Dieu qui se plaist dans celle de ses Saincts, dont la mort si precieuse deuant ses yeux ne doit pas passer pour fabuleuse deuant ceux des hommes. Au lieu de sanctifier nostre Theatre par sa representation, nous y profanerions la sainctecé de leurs souffrances, si nous nous permettions que la credulité des vns, & la défiance des autres également abusées par ce meslange se méprissent également en la veneration qui leur est deuë, & que les premiers la rendissent mal à propos à ceux qui ne la meritent pas, cependant que les autres la denieroient à ceux à qui elle appartient.

Sainct Polyeucte est vn Martyr, dont, s'il m'est permis de parler ainsi, beaucoup ont plustost appris le nom à la Comedie qu'à l'Eglise. Le Martyrologe Romain en fait mention sur le 13. de Feurier, mais en deux mots, suiuant sa coustume, Baronius dans ses Annales n'en dit qu'vne ligne, le seul Surius, ou plustost Mosander qui l'a augmenté dans les dernieres impressions, en rapporte la mort assez au long sur le neufuiesme de Ianuier, & i'ay creu qu'il estoit de mon deuoir d'en mettre icy l'abregé. Comme il a esté à propos d'en rendre la representation agreable afin que le plaisir peust insinuer plus doucement l'vtilité & luy seruir comme de vehicule pour la porter dans l'ame du peuple: il est iuste aussi de luy donner cette lumiere pour démesler la verité d'auec ses ornemens, & luy faire reconnoistre ce qui luy doit imprimer du respect comme Sainct, & ce qui le doit seulement diuertir comme industrieux. Voicy donc ce que ce dernier nous apprend.

Polyeucte & Nearque estoient deux Caualiers estroitement liez ensemble d'amitié: Ils viuoient en l'an 250. sous l'Empire de Decius, leur demeure estoit dans Melitene capitale d'Arménie, leur Religion differente, Nearque estant Chrestien, & Polyeucte suiuant encor la secte des Gentils, mais ayant toutes les qualitez dignes d'vn Chrestien, & vne grande inclination à le deuenir. L'Empereur ayant fait publier vn Edict tres-rigoureux contre les Chrestiens, cette publication donna vn grand trouble à Nearque, non pour la crainte des supplices dont il estoit menacé, mais pour l'apprehension qu'il eut que leur amitié ne souffrist quelque separation ou refroidissement par cet Edit, veu les peines qui y estoient proposées à ceux de sa Religion, & les honneurs promis à ceux du parti contraire. Il en conceut vn si profond desplaisir que son amy s'en apperceut, & l'ayant obligé de luy en dire la cause, il prist de là occasion de luy ouurir son cœur. Ne craignez point, luy dit-il, que l'Edict de l'Empereur nous desvnisse, i'ay veu cette nuit le Christ que vous adorez, il m'a dépoüillé d'vne robe sale pour me reuestir d'vne autre toute lumineuse, & m'a fait monter sur vn cheual aislé pour le suiure. Cette vision m'a resolu entierement à faire ce qu'il y a long-temps que ie médite, le seul nom de Chrestien me manque, & vous mesme toutes les fois que vous m'auez parlé de vostre grand Messie, vous auez peu remarquer que ie vous ay tousiours écouté auec respect, & quand vous m'auez leu sa vie & ses enseignemens, i'ay tousiours admiré la saincteté de ses actions & de ses discours. O Nearque, si ie ne me croyois point indigne d'aller à luy sans estre initié de ses mysteres, & auoir receu la grace de ses Sacremens, que vous verriez éclater l'ardeur que i'ay de mourir pour sa gloire & le soustien de ses eternelles veritez. Nearque l'ayant éclairci du scrupule où il estoit par l'exemple du bon Larron qui en vn moment merita le Ciel, bien qu'il n'euſt pas receu le Baptefſme, auſſi-toſt noſtre Martyr plein d'vne ſaincte feruëur prend l'Edit de l'Empereur, crache deſſus & le dechire en morceaux qu'il ſerte au vent, & voyant des Idoles que le peuple portoit ſur les Autels pour les adorer, il les arrache à ceux qui les porroient, les brize contre terre & les foule aux pieds, eſtonnant tout le monde & ſon amy meſme, par la chaleur de ce zele qu'il n'auoit pas eſperé.

Son beau pere Felix qui auoit la commiſſion de l'Empereur pour perſecuter les Chreſtiens, ayant veu luy-meſme ce qu'auoit fait ſon gendre, ſaiſi de douleur de voir l'eſpoir & l'appuy de ſa famille perdus, taſche d'eſbranler ſa conſtance premierement par de belles paroles, en ſuite par des menaces, enfin par des coups qu'il luy fait donner par ſes bourreaux ſur tout le viſage ; mais n'en ayant peu venir à bout, pour dernier effort il luy enuoye ſa fille Pauliue, afin de voir ſi ſes larmes n'auroient point plus de pouuoir ſur l'eſprit d'vn mary, que n'auoient eu ſes artifices & ſes rigueurs. Il n'auance rien dauantage par là, au contraire voyant que ſa fermeté conuertiſſoit beaucoup de Payens, il le condamne à perdre la teſte. Cet arreſt fut executé ſur l'heure, & le ſainct Martyr ſans autre Baptefſme que de ſon ſang, s'en alla prendre poſſeſſion de la gloire que Dieu a promiſe à ceux qui renonceroient à eux-meſmes pour l'amour de luy.

Voila en en peu de mots ce qu'en dit Surius. Le ſonge de Pauline, l'amour de Seuere, le Baptefſme effectif de Polyeucte, le ſacrifice pour la victoire de l'Empereur, la dignité de Felix que ie fais Gouuerneur d'Armenie, la mort de Nearque, la conuerſion de Felix & de Pauline, ſont des inuentions & des embelliſſemens de Teatre. La ſeule victoire de l'Empereur contre les Perses, à quelque fondement dans l'Histoire, & sans chercher d'autres Autheurs, elle est rapportée par Monsieur Coëffeteau dans son Histoire Romaine, mais il ne dit pas, ny qu'il leur imposa tribut, ny qu'il enuoya faire des Sacrifices de remerciement en Armenie.

Si i'ay adjousté ces incidens & ces particularitez selon l'art ou non, les sçauans en iugeront, mon but icy n'est pas de les iustifier, mais seulement d'auertir le Lecteur de ce qu'il en peut croire.

ACTEVRS.

FELIX, Senateur Romain, Gouuerneur d'Armenie.
POLYEVCTE, Seigneur d'Armenie, gendre de Felix.
SEVERE, Cheualier Romain, fauory de l'Empereur.
NEARQVE, Seigneur Armenien, amy de Polyeucte.
PAVLINE, Fille de Felix, & femme de Polyeucte.
STRATONICE, Confidente de Pauline.
ALBIN, Confident de Felix.
FABIAN, Domeftique de Seuere.
CLEON, Domeftique de Felix.
TROIS GARDES.

La Scene eft à Melitene capitale d'Armenie dans le Palais de Felix.

POLYEVCTE

MARTYR,

TRAGEDIE CHRESTIENNE.

ACTE PREMIER.

SCENE PREMIERE.

POLYEVCTE, NEARQVE.

NEARQVE.

VOY ? vous vous arreſtez aux ſonges d'vne
femme !
De ſi foibles ſuiets troublent cette grande ame !

A

POLYEVCTE

Et ce cœur tant de fois dans la guerre éprouué
S'alarme d'vn peril qu'vne femme a refvé!

POLYEVCTE.

Je fçay ce qu'eſt vn fonge & le peu de croyance
Qu'vn homme doit donner à fon extrauagance,
Qui d'vn amas confus des vapeurs de la nuit
Forme de vains obiets que le réueil détruit:
Mais vous ne fçauez pas ce que c'eſt qu'vne femme,
Ny le iuſte pouuoir qu'elle prend fur vne ame
Quand apres vn long-temps qu'elle a fçeu nous charmer
Les flambeaux de l'Hymen viennent de s'allumer.
Pauline fans raifon dans la douleur plongée
Craint & croit defia voir ma mort qu'elle a fongée,
Elle oppofe fes pleurs au deſſein que ie fais,
Et tâche à m'empefcher de fortir du Palais;
Je méprife fa crainte & ie cede à fes larmes,
Elle me fait pitié fans me donner d'alarmes,
Et mon cœur attendry fans eſtre intimidé
N'ofe déplaire aux yeux dont il eſt poſſedé.
L'occafion, Nearque, eſt elle fi preſſante
Pour ne rien deferer aux foûpirs d'vne amante?
Remettons ce deſſein qui l'accable d'ennuy,
Nous le pourrons demain auſſi bien qu'auiourd'huy.

NEARQVE.

Ouy, mais où prenez-vous l'infaillible asseurance
D'auoir assez de vie ou de perseuerance?
Ce Dieu qui tient vostre ame & vos iours dans sa main
Vous a-t'il asseuré de le pouuoir demain?
Il est tousiours tout iuste & tout bon, mais sa grace
Ne descend pas tousiours auec mesme efficace,
Apres certains momens que perdent nos longueurs
Elle quitte ces traits qui penetrent les cœurs,
Le bras qui la versoit s'arreste & se courrouce,
Nostre cœur s'endurcit & sa pointe s'émousse,
Et cette sainte ardeur qui nous emporte au bien
Tombe sur vn rocher & n'opere plus rien.
Celle qui vous pressoit de courir au Baptesme
Languissante desia cesse d'estre la mesme,
Et pour quelques soûpirs qu'en vous a fait ouyr
Sa flame se dissipe & va s'éuanouyr.

POLYEVCTE.

Vous me cognoissez mal, la mesme ardeur me brûle,
Et le desir s'accroist quand l'effet se recule.
Ces pleurs que ie regarde auec vn œil d'espoux
Me laissent dans le cœur aussi Chrestien que vous:

POLYEVCTE

Mais pour en receuoir le sacré caractere
Qui laue nos forfaits dans vne eau salutaire,
Et d'vn rayon diuin nous desillant les yeux
Nous rend le premier droit que nous auions aux Cieux,
Quoy que ie le préfere aux grandeurs d'vn Empire,
Comme le bien suprème & le seul où i'aspire,
Je croy pour satisfaire vn iuste & saint amour
Pouuoir vn peu remettre & differer d'vn iour.

NEARQVE.

Ainsi du genre humain l'ennemy vous abuse,
Ce qu'il ne peut de force, il l'entreprend de ruse,
Jaloux des bons desseins qu'il tâche d'ébransler,
Quand il ne les peut rompre, il pousse à reculer:
D'obstacle sur obstacle il va troubler le vostre,
Auiourd'huy par des pleurs, chaque iour par quelque au-
Ce songe si remply de noires visions   (tre,
N'est que le coup d'essay de ses illusions,
Il met tout en vsage, & priere, & menace,
Il attaque tousiours, & iamais ne se lasse,
Il croit pouuoir en fin ce qu'encor il n'a pû,
Et que ce qu'on differe est à demy rompu.
Rompez ses premiers coups, laissez pleurer Pauline,
Dieu ne veut point d'vn cœur que le monde domine,

TRAGEDIE.

Qui regarde en arriere & douteux en son choix,
Lors que sa voix l'appelle, écoute vne autre voix.

POLYEVCTE.

Pour se donner à luy faut-il n'aymer personne?

NEARQVE.

Nous pouuons tout aymer, il le souffre, il l'ordonne,
Mais ce grand Roy des Rois, ce Seigneur des Seigneurs
Veut le premier amour & les premiers honneurs.
Comme rien n'est égal à sa grandeur supresme
Il faut ne rien aymer qu'apres luy, qu'en luy-mesme,
Negliger pour luy plaire, & femme & biens & rang,
Exposer pour sa gloire & verser tout son sang:
Mais que vous estes loin de cette amour parfaite
Qui vous est necessaire & que ie vous souhaite:
Ie ne vous puis parler que les larmes aux yeux,
Polyeucte, auiourd'huy qu'on nous hait en tous lieux,
Qu'on croit seruir l'Estat quand on nous persecute,
Qu'aux plus aspres tourmens vn Chrestien est en butte,
Comment en pourrez-vous surmonter les douleurs
Si vous ne pouuez pas resister à des pleurs?

POLYEVCTE.

Vous ne m'estonnez point, la pitié qui me blesse
Est grandeur de courage aussi-tost que foiblesse,

POLYEVCTE

Sur mes pareils, Nearque, vn bel œil eſt bien fort,
Tel craint de le faſcher qui ne craint pas la mort,
Et s'il faut affronter les plus cruels ſupplices,
Y trouuer des appas, en faire mes delices,
Voſtre Dieu, que ie n'oſe encor nommer le mien,
M'en donnera la force en me faiſant Chreſtien.

NEARQVE.

Haſtez-vous donc de l'eſtre.

POLYEVCTE.

Ouy, i'y cours, cher Nearque,
Ie brûle d'en porter la glorieuſe marque,
Mais Pauline s'afflige & ne peut conſentir,
Tant ce ſonge la trouble, à me laiſſer ſortir.

NEARQVE.

Voſtre retour pour elle en aura plus de charmes,
Dans vne heure au plus tard vous eſſuyerez ſes larmes,
Et l'heur de vous reuoir luy ſemblera plus doux
Plus elle aura pleuré pour vn ſi cher eſpoux.
Allons, on nous attend.

POLYEVCTE.

Appaiſez donc ſa crainte,

Et calmez la douleur dont son ame est atteinte.
Elle reuient.

NEARQVE.

Fuyez.

POLYEVCTE.

Ie ne puis.

NEARQVE.

Il le faut,
Fuyez vn ennemy qui sçait vostre defaut,
Qui le trouue aisément, qui blesse par la veuë,
Et dont le coup mortel vous plaist quand il vous tuë.

SCENE II.

POLYEVCTE, NEARQVE,
PAVLINE, STRATONICE.

POLYEVCTE.

FVyons puisqu'il le faut. Adieu, Pauline, Adieu,
Dans vne heure au plus tard ie reuiens en ce lieu.

POLYEVCTE

PAVLINE.

Quel fuiet fi preſſant à ſortir vous conuie?
Y va-t'il de l'honneur? y va-t'il de la vie?

POLYEVCTE.

Il y va de bien plus.

PAVLINE.

Quel eſt donc ce ſecret?

POLYEVCTE.

Vous le ſçaurez vn iour, ie vous quitte à regret,
Mais en fin il le faut.

PAVLINE.
Vous m'aymez!

POLYEVCTE.

Ie vous ayme,
Le Ciel m'en ſoit témoin, cent fois plus que moy-meſme,
Mais....

PAVLINE.

Mais mon déplaiſir ne vous peut émouuoir,
Vous auez des ſecrets que ie ne puis ſçauoir;

Quelle

Quelle preuue d'amour! Au nom de l'Hymenée
Donnez à mes soûpirs cette seule iournée.

POLYEVCTE.

Un songe vous fait peur!

PAVLINE.

Ses presages sont vains,
Ie le sçay, mais en fin ie vous ayme & ie crains.

POLYEVCTE.

Ne craignez rien de mal pour vne heure d'absence,
Adieu, vos pleurs sur moy prennent trop de puissance,
Ie sens desia mon cœur prest à se reuolter,
Et ce n'est qu'en fuyant que i'y puis resister.

SCENE III.

PAVLINE, STRATONICE.

PAVLINE.

VA, neglige mes pleurs, cours & te précipite
Au deuant de la mort que les Dieux m'ont prédite,

B

Suy cét agent fatal de tes mauuais deſtins
Qui peut-eſtre te liure aux mains des aſſaßins.
Voilà, ma Stratonice, en ce ſiecle où nous ſommes
Noſtre empire abſolu ſur les eſprits des hommes,
Voilà ce qui nous reſte, & l'ordinaire effet
De l'amour qu'on nous offre & des vœux qu'on nous fait.
Tant qu'ils ne ſont qu'amants nous ſommes ſouueraines,
Et iuſqu'à la conqueſte ils nous traitent en Reynes,
Mais apres l'Hymenée ils ſont Rois à leur tour.

STRATONICE.

Polyeucte pour vous ne manque point d'amour,
S'il ne vous traite icy d'entiere confidence,
S'il part malgré vos pleurs, c'eſt vn trait de prudence,
Sans vous en affliger préſumez auec moy
Qu'il eſt plus à propos qu'il vous cele pourquoy,
Aſſeurez-vous ſur luy qu'il en a iuſte cauſe;
Jl eſt bon qu'vn mary nous cache quelque choſe,
Qu'il ſoit quelquefois libre, & ne s'abaiſſe pas
A nous rendre touſiours conte de tous ſes pas.
On n'a tous deux qu'vn cœur qui ſent meſmes trauerſes,
Mais ce cœur a pourtant ſes functions diuerſes,
Et la loy de l'Hymen qui vous tient aſſemblez
N'ordonne pas qu'il tremble alors que vous tremblez.

Ce qui fait vos frayeurs ne peut le mettre en peine,
Il est Armenien & vous estes Romaine,
Et vous pouuez sçauoir que nos deux nations
N'ont pas sur ce suiet mesmes impreßions.
Vn songe en nostre esprit passe pour ridicule,
Il ne nous laisse espoir, ny crainte, ny scrupule,
Mais il passe dans Rome auec authorité
Pour fidelle miroir de la fatalité.

PAVLINE.

Le mien est bien estrange, & quoy qu' Armenienne
Ie croy que ta frayeur égaleroit la mienne
Si de telles horreurs t'auoient frappé l'esprit,
Si ie t'en auois fait seulement le recit.

STRATONICE.

A raconter ses maux souuent on les soulage.

PAVLINE.

Escoute, mais il faut te dire dauantage,
Et que pour mieux comprendre vn si triste discours
Tu sçhaches ma foiblesse & mes autres amours.
Vne femme d'honneur peut aduoüer sans honte
Ces surprises des sens que la raison surmonte,

B ij

POLYEVCTE

Ce n'eſt qu'en ces aſſauts qu'éclate la vertu,
Et l'on doute d'vn cœur qui n'a point combatu.
Dans Rome où ie naſquis ce malheureux viſage
D'vn Cheualier Romain captiua le courage,
Il s'appeloit Seuere. Excuſe les ſoûpirs
Qu'arrache encor vn nom trop cher à mes deſirs.

STRATONICE.

Eſt-ce luy qui n'aguere aux dépens de ſa vie
Sauua des ennemis voſtre Empereur Decie,
Qui leur tira mourant la victoire des mains,
Et fit tourner le ſort des Perſes aux Romains?
Luy qu'entre tant de morts immolez à ſon maiſtre
On ne pût rencontrer, ou du moins recognoiſtre,
A qui Decie en fin pour des exploits ſi beaux
Fit ſi pompeuſement dreſſer de vains tombeaux?

PAVLINE.

Helas, c'eſtoit luy-meſme, & iamais noſtre Rome
N'a produit plus grand cœur, ny veu plus honneſte hôme:
Puiſque tu le cognois, ie ne t'en diray rien,
Ie l'aymay, Stratonice, il le meritoit bien.
Mais que ſert le merite où manque la fortune?
L'vn eſtoit grand en luy, l'autre foible & commune,

Trop inuincible obstacle, & dont trop rarement
Triomphe aupres d'vn pere vn vertueux amant.

STRATONICE.

La digne occasion d'vne rare constance!

PAVLINE.

Dy plustost d'vne indigne & folle resistance,
Quelque fruit qu'vne fille en puisse recueillir
Ce n'est vne vertu que pour qui veut faillir.
Parmy ce grand amour que i'auois pour Seuere
I'attendois vn espoux de la main de mon pere,
Tousiours preste a le prendre, & iamais ma raison
N'aduoüa de mes yeux l'aymable trahison,
Il possedoit mon cœur, mes desirs, ma pensée,
Ie ne luy cachois point combien i'estois blessée,
Nous soûpirions ensemble & pleurions nos malheurs,
Mais au lieu d'esperance il n'auoit que des pleurs,
Et malgré des soûpirs si doux, si fauorables,
Mon pere & mon deuoir estoient inexorables.
Enfin ie quittay Rome & ce parfait amant
Pour suyure icy mon pere en son Gouuernement,
Et luy desesperé s'en alla dans l'armée
Chercher d'vn beau trépas l'illustre renommée.

Le reſte, tu le ſçais, mon abord en ces lieux
Me fit voir Polyeucte, & ie plûs à ſes yeux,
Et comme il eſt icy le Chef de la Nobleſſe,
Mon pere fut rauy qu'il me priſt pour maiſtreſſe,
Et par ſon alliance il ſe crût aſſeuré
D'eſtre plus redoutable & plus conſideré.
Il approuua ſa flame, & conclud l'Hymenée,
Et moy comme à ſon lit ie me vis deſtinée,
Ie donnay par deuoir à ſon affection
Tout ce que l'autre auoit par inclination.
Si tu peux en douter, iuge-le par la crâinte
Dont encore pour luy tu me vois l'ame atteinte.

STRATONICE.

Ie croy que vous l'aymez autant qu'on peut aymer,
Mais quel ſonge apres tout a pû vous alarmer?

PAVLINE.

Ie l'ay veu cette nuit, ce malheureux Seuere,
La vangeance à la main, l'œil ardent de colere,
Il n'eſtoit point couuert de ces triſtes lambeaux
Qu'vne ombre deſolée emporte des tombeaux,
Il n'eſtoit point percé de ces coups pleins de gloire
Qui retranchant ſa vie aſſeurent ſa memoire,

Il ſembloit triomphant & tel que ſur ſon char
Victorieux dans Rome entre noſtre Céſar.
Apres vn peu d'effroy que m'a donné ſa veuë,
Porte à qui tu voudras la faueur qui m'eſt deuë,
Ingrate, m'a-t'il dit, & ce iour expiré
Pleure à loiſir l'eſpoux que tu m'as préferé.
A ces mots i'ay fremy, mon ame s'eſt troublée,
En ſuite des Chreſtiens vne impie aſſemblée
Pour auancer l'effet de ce diſcours fatal
A ietté Polyeucte aux pieds de ſon riual:
Soudain à ſon ſecours i'ay reclamé mon pere,
Helas! c'eſt de tout point ce qui me deſeſpere,
I'ay veu mon pere meſme vn poignard à la main
Entrer le bras leué pour luy perçer le ſein.
Là ma douleur trop forte a broüillé ces images,
Le ſang de Polyeucte a ſatisfait leurs rages,
Ie ne ſçay ny comment ny quand ils l'ont tué,
Mais ie ſçay qu'à ſa mort tous ont contribué.
Voilà quel eſt mon ſonge.

STRATONICE.

               Il eſt vray qu'il eſt triſte,
Mais il faut que voſtre ame à ces frayeurs reſiſte,
La viſion de ſoy peut faire quelque horreur,
Mais non pas vous donner vne iuſte terreur.

Pouuez-vous craindre vn mort ? pouuez-vous craindre
    vn pere
Qui cherit voſtre eſpoux, que voſtre eſpoux réuere,
Et dont le iuſte choix vous a donnée à luy
Pour s'en faire eη ces lieux vn ferme & ſeur appuy?

PAVLINE.

Il m'en a dit autant & rit de mes alarmes,
Mais ie crains des Chreſtiens les complots & les charmes,
Et que ſur mon eſpoux leur troupeau ramaſſé
Ne vange tant de ſang que mon pere a versé.

STRATONICE.

Leur ſecte eſt inſenſée, impie & ſacrilege,
Et dans ſon ſacrifice vſe de ſortilege,
Mais ſa fureur ne va qu'à briſer nos autels,
Elle n'en veut qu'aux Dieux & non pas aux mortels:
Quelque ſeuerité que ſur eux on déploye
Ils ſouffrent ſans murmure & meurent auec ioye,
Et depuis qu'on les traite en criminels d'Eſtat
On ne peut les charger d'aucun aſſaſſinat.

PAVLINE.

Tay-toy, mon pere vient.

SCENE

SCENE IV.

FELIX, ALBIN, PAVLINE, STRATONICE.

FELIX.

MA fille, que ton fonge
En d'eftranges frayeurs depuis vn peu me plonge !
Que i'en crains les effets qui femblent s'approcher !

PAVLINE.

De grace, apprenez-moy ce qui vous peut toucher.

FELIX.

Seuere n'eft point mort.

PAVLINE.

Quel mal nous fait fa vie?

FELIX.

Il eft le fauory de l'Empereur Decie.

C

PAVLINE.

Apres l'auoir ſauué des mains des ennemis,
L'eſpoir d'vn ſi haut rang luy deuenoit permis;
Le deſtin aux grands cœurs ſi ſouuent mal propice
Se reſout quelquefois à leur faire iuſtice.

FELIX.

Jl vient icy luy-meſme.

PAVLINE.

Il vient!

FELIX.

Tu le vas voir.

PAVLINE.

C'en eſt trop, mais comment le pouuez-vous ſçauoir?

FELIX.

Albin l'a rencontré dans la proche campagne,
Vn gros de courtiſans en foule l'accompagne,
Et monſtre aſſez quel eſt ſon rang & ſon credit:
Mais, Albin, redy-luy ce que ſes gens t'ont dit.

ALBIN.

Vous sçauez quelle fut cette grande iournée
Que sa perte pour nous rendit si fortunée,
Où l'Empereur captif par sa main dégagé
R'assura son party desia découragé,
Tandis que sa vertu succomba sous le nombre:
Vous sçauez les honneurs qu'on fit faire à son ombre
Apres qu'entre les morts on ne le pût trouuer:
Le Roy de Perse aussi l'auoit fait enleuer,
Témoin de ses hauts faits encor qu'à son dommage
Il en voulut tout mort cognoistre le visage,
On le mit dans sa tente, où tout percé de coups
Chacun plaignit son sort, bien qu'il en fut ialoux.
Là bien-tost il monstra quelque signe de vie,
Ce genereux Monarque en eut l'ame rauie,
Et vaincu qu'il estoit oublia son malheur
Pour dans son autheur mesme honorer la valeur;
Il en fit prendre soin, la cure en fut secrette,
Et comme au bout d'vn mois sa santé fut parfaite,
Il offrit dignitez, alliance, tresors,
Et pour gagner Seuere il fit cent vains efforts.
Apres auoir comblé ses refus de loüange,
Il enuoye à Decie en proposer l'échange,

C ij

Et foudain l'Empereur tranfporté de plaifir
Offre au Perfe fon frere & cent Chefs à choifir.
Ainfi reuint au camp le valeureux Seuere
De fa haute vertu receuoir le falaire,
La faueur de Decie en fut le digne prix,
De nouueau l'on combat, & nous fommes furpris,
Ce malheur toutefois fert à croiftre fa gloire,
Luy feul reftablit l'ordre, & gagne la victoire,
Mais fi belle & fi pleine, & par tant de beaux faits
Qu'on nous offre tribut, & nous faifons la paix.
L'Empereur luy témoigne vne amour infinie,
Et rauy du fuccez l'enuoye en Armenie,
Il vient en apporter la nouuelle en ces lieux,
Et par vn facrifice en rendre grace aux Dieux.

FELIX.

O Ciel! en quel eftat ma fortune eft reduite!

ALBIN.

Voilà ce que i'ay fçeu d'vn homme de fa fuite,
Et i'ay couru, Seigneur, pour vous y difpofer.

FELIX.

Ah, fans doute, ma fille, il vient pour t'efpoufer,

L'ordre d'vn sacrifice est pour luy peu de chose,
C'est vn pretexte faux dont l'amour est la cause.

PAVLINE.

Cela pourroit bien estre, il m'aymoit cherement.

FELIX.

Que ne permettra-t'il à son ressentiment!
Et iusques à quel point ne porte sa vengeance
Vne iuste colere auec tant de puissance!
Il nous perdra, ma fille.

PAVLINE.

> *Il est trop genereux.*

FELIX.

Tu veux flater en vain vn pere malheureux,
Il nous perdra, ma fille. Ah, regret qui me tuë
De n'auoir pas aymé la vertu toute nuë!
Ah, Pauline, en effet tu m'as trop obey,
Ton courage estoit bon, ton deuoir l'a trahy.
Que ta rebellion m'eust esté fauorable!
Qu'elle m'eust garanty d'vn estat déplorable,
Si quelque espoir me reste il n'est plus auiourd'huy
Qu'en l'absolu pouuoir qu'il te donnoit sur luy:

POLYEVCTE

Ménage en ma faueur l'amour qui le poſſede,
Et d'où prouient mon mal fay ſortir le remede.

PAVLINE.

Moy, moy, que ie reuoye vn ſi puiſſant vainqueur,
Et m'expoſe à des yeux qui me perçent le cœur!
Mon pere, ie ſuis femme, & ie ſçay ma foibleſſe,
Ie ſens deſia mon cœur qui pour luy s'intereſſe,
Et pouſſera ſans doute en dépit de ma foy
Quelque ſoùpir indigne & de vous & de moy.
Je ne le verray point.

FELIX.

R'aſſeure vn peu ton ame.

PAVLINE.

Il eſt touſiours aymable, & ie ſuis touſiours femme,
Dans le pouuoir ſur moy que ſes regards ont eu
Ie ne me réponds pas de toute ma vertu.
Je ne le verray point.

FELIX.

Il faut le voir, ma fille,
Ou tu trahis ton pere & toute ta famille.

PAVLINE.

C'eſt à moy d'obeyr puiſque vous commandez,
Mais voyez les perils où vous me hazardez.

FELIX.

Ta vertu m'eſt cognuë.

PAVLINE.

Elle vaincra ſans doute,
Ce n'eſt pas le ſuccez que mon ame redoute,
Ie erains ce dur combat & ces troubles puiſſans
Que fait deſia chez moy la reuolte des ſens.
Mais puiſqu'il faut combatre vn ennemy que i'ayme,
Souffrez que ie me puiſſe armer contre moy-meſme,
Et qu'vn peu de loiſir me prepare à le voir.

FELIX.

Iuſque au deuant des murs ie vay le receuoir,
Rappelle cependant tes forces eſtonnées,
Et ſonge qu'en tes mains tu tiens nos deſtinées.

PAVLINE.

Ouy, ie vay de nouueau dompter mes ſentimens
Pour ſeruir de victime à vos commandemens.

Fin du premier Acte.

ACTE II.

SCENE PREMIERE.

SEVERE, FABIAN.

SEVERE.

Ependant que Felix donne ordre au sacrifice,
Pourray-ie prendre vn temps à mes vœux si
    propice,
Pourray-ie voir Pauline & rendre à ses beaux yeux
L'hommage souuerain que l'on va rendre aux Dieux?
Je ne t'ay point celé que c'est ce qui m'améne,
Du reste mon esprit ne s'en met guere en peine,
Je viens sacrifier, mais c'est à ses beautez
Que ie viens immoler toutes mes volontez.

FABIAN.

Vous la verrez, Seigneur.

                             SEVERE.

SEVERE.

Ah, quel comble de ioye!
Cét adorable obiet consent que ie le voye!
Mais ay-ie sur son ame encor quelque pouuoir?
En luy parlant de moy l'as-tu veu s'émouuoir?
Quel trouble, quel transport luy cause ma venuë?
Puis-ie tout esperer de cette heureuse veuë?
Car ie voudrois mourir plustost que d'abuser
Des lettres de faueur que i'ay pour l'espouser;
Elles sont pour Felix, non pour triompher d'elle,
Jamais à ses desirs mon cœur ne fut rebelle,
Et si mon mauuais sort auoit changé le sien,
Ie me vaincrois moy-mesme & ne pretendrois rien.

FABIAN.

Vous la verrez, c'est tout ce que ie vous puis dire.

SEVERE.

D'où vient que tu fremis, & que ton cœur soûpire?
Ne m'ayme-t'elle plus ? éclaircy-moy ce point.

FABIAN.

M'en croirez-vous, Seigneur ? ne la reuoyez point,

D

Portez en lieu plus haut l'honneur de vos careſſes,
Vous trouuerez à Rome aſſez d'autres maiſtreſſes,
Et dans ce haut degré de puiſſance & d'honneur
Les plus grands y tiendront voſtre amour à bon-heur.

SEVERE.

Qu'à des penſers ſi bas mon ame ſe rauale!
Que ie tienne Pauline à mon ſort inégale!
Elle en a mieux vsé, ie la dois imiter,
Je n'ayme mon bon-heur que pour la meriter.
Voyons-la, Fabian, ton diſcours m'importune,
Allons mettre à ſes pieds cette haute fortune,
Ie l'ay dans les combats trouuée heureuſement
En cherchant vne mort digne de ſon amant,
Ainſi ce rang eſt ſien, cette faueur eſt ſienne,
Et ie n'ay rien en fin que d'elle ie ne tienne.

FABIAN.

Non, mais encor vn coup ne la reuoyez point.

SEVERE.

Ah, c'en eſt trop, en fin éclaircy-moy ce point,
As-tu veu des froideurs quand tu l'en as priée?

FABIAN.

Je tremble à vous le dire, elle eſt …

TRAGEDIE.

SEVERE.

Quoy?

FABIAN.

Mariée.

SEVERE.

Souſtien-moy, Fabian, ce coup de foudre eſt grand,
Et frappe d'autant plus que plus il me ſurprend.

FABIAN.

Seigneur, qu'eſt deuenu ce genereux courage?

SEVERE.

La conſtance eſt icy d'un difficile vſage,
De pareils déplaiſirs accablent vn grand cœur,
La vertu la plus maſle en perd toute vigueur,
Et quand d'vn feu ſi beau les ames ſont épriſes,
La mort les trouble moins que de telles ſurpriſes.
J'ay de la peine encor à croire tes diſcours,
Pauline eſt mariée:

FABIAN.

Ouy, depuis quinze iours,

D ij

POLYEVCTE

Polyeucte, vn Seigneur des premiers d'Armenie
Gouste de son Hymen la douceur infinie.

SEVERE.

Je ne la puis du moins blâmer d'vn mauuais choix,
Polyeucte a du nom, & sort du sang des Rois.
Foibles soulagemens d'vn malheur sans remede,
Pauline, ie verray qu'vn autre vous possede!
O Ciel qui malgré moy me renuoyez au iour,
O sort qui redonniez l'espoir à mon amour,
Reprenez la faueur que vous m'auez prestée,
Et rendez-moy la mort que vous m'auez ostée.
Voyons-la toutefois, & dans ce triste lieu
Acheuons de mourir en luy disant Adieu,
Que mon cœur chez les morts emportant son image,
De son dernier soûpir luy puisse faire hommage.

FABIAN.

Seigneur, considerez...

SEVERE.

Tout est consideré,
Quel desordre peut craindre vn cœur desesperé?
N'y consent-elle pas?

TRAGEDIE.

FABIAN.

Ouy, Seigneur, mais …

SEVERE.

N'importe.

FABIAN.

Cette viue douleur en deuiendra plus forte.

SEVERE.

Et ce n'est pas vn mal que ie vueille guerir,
Ie ne veux que la voir, soûpirer, & mourir.

FABIAN.

Vous vous échapperez sans doute en sa presence,
Vn amant qui perd tout n'a plus de complaisance,
Dans vn tel desespoir il suit sa passion,
Et ne pousse qu'iniure & qu'imprecation.

SEVERE.

Juge autrement de moy, mon respect dure encore,
Tout violent qu'il est, mon desespoir l'adore,
Quels reproches aussi peuuent m'estre permis?
Dequoy puis-ie accuser qui ne m'a rien promis?

POLYÉVCTE

Elle n'est point pariure, elle n'est point legere,
Son deuoir m'a trahy, mon malheur, & son pere.
Mais son deuoir fut iuste, & son pere eut raison,
I'impute à mon malheur toute la trahison,
Vn peu moins de fortune & plustost arriuée
Eust gagné l'vn par l'autre & me l'eust conseruée,
Trop heureux, mais trop tard, ie n'ay pû l'acquerir,
Laisse-la moy donc voir, soûpirer, & mourir.

FABIAN.

Ouy, ie vay l'asseurer qu'en ce malheur extrême
Vous estes assez fort pour vous vaincre vous-mesme,
Elle a craint comme moy ces premiers mouuemens
Qu'vne perte impréueuë arrache aux vrays amans,
Et dont la violence excite assez de trouble,
Sans que l'obiet present l'irrite & la redouble.

SEVERE.

Fabian, ie la voy.

FABIAN.

Seigneur, souuenez-vous…

SEVERE.

Helas, elle ayme vn autre, vn autre est son espoux.

SCENE II.

SEVERE, PAVLINE, STRA-TONICE, FABIAN.

PAVLINE.

OVy, ie l'ayme, Seuere, & n'en fais point d'excuse,
Que tout autre que moy vous flate & vous abuse,
Pauline a l'ame noble & parle à cœur ouuert.
Le bruit de vostre mort n'est point ce qui vous perd,
Si le Ciel en mon choix eust mis mon Hymenée
A vos seules vertus ie me serois donnée,
Et toute la rigueur de vostre premier sort
Contre vostre merite eust fait vn vain effort,
Ie découurois en vous d'assez illustres marques
Pour vous préferer mesme aux plus heureux Monarques:
Mais puisque mon deuoir m'imposoit d'autres loix,
De quelque amant pour moy que mon pere eust fait choix,
Quand à ce grand pouuoir que la valeur vous donne
Vous auriez adiousté l'éclat d'vne Couronne,

Quand ie vous aurois veu, quand ie l'aurois hay,
I'en aurois soûpiré, mais i'aurois obey,
Et sur mes passions ma raison souueraine
Euſt blâmé mes soûpirs & dißipé ma haine.

SEVERE.

Que vous eſtes heureuse, & qu'vn peu de soûpirs
Vous acquite aisément de tous vos déplaiſirs:
Ainſi de vos deſirs touſiours Reyne abſoluë,
Les plus grands changemens vous trouuent reſoluë,
De la plus forte amour vous portez vos eſprits
Iuſqu'à l'indifference, & peut-eſtre au mépris,
Et voſtre fermeté fait ſucceder ſans peine
La faueur au mépris, & l'amour à la haine.
Qu'vn peu de voſtre humeur ou de voſtre vertu
Soulageroit les maux de ce cœur abatu!
Vn soûpir, vne larme à regret épanduë
M'auroit deſia guery de vous auoir perduë,
Ma raiſon pourroit tout ſur l'amour affoibly,
Et de l'indifference iroit iuſqu'à l'oubly,
Et mon feu deſormais ſe reglant ſur le voſtre,
Ie me tiendrois heureux entre les bras d'vn autre.
O trop aymable obiet qui m'auez trop charmé,
Eſt-ce là comme on ayme, & m'auez-vous aymé?

PAVLINE.

PAVLINE.

Ie vous aymay, Seuere, & si dedans mon ame
Ie pouuois étouffer les restes de ma flame,
Dieux, que i'éuiterois de rigoureux tourmens!
Ma raison, il est vray, dompte mes mouuemens,
Mais quelque authorité que sur eux elle ait prise,
Elle n'y regne pas, elle les tyrannise,
Et quoy que le dehors soit sans émotion,
Le dedans n'est que trouble & que sedition.
Vn ie ne sçay quel charme encor vers vous m'emporte,
Vostre merite est grand si ma raison est forte,
Ie le vois encor tel qu'il alluma mes feux
D'autant plus puissamment solliciter mes vœux,
Qu'il est enuironné de puissance & de gloire,
Qu'en tous lieux apres vous il traîne la victoire,
Que i'en sçay mieux le prix, & qu'il n'a point deçeu
Le genereux espoir que i'en auois conçeu.
Mais ce mesme deuoir qui le vainquit dans Rome
Et qui me range icy dessous les loix d'vn homme
Repousse encor si bien l'effort de tant d'appas
Qu'il déchire mon ame & ne l'ébranle pas.
C'est cette vertu mesme à nos desirs cruelle
Que vous loüiez alors en blasphemant contre elle,

E

POLYEVCTE

Plaignez-vous-en encor, mais loüez, sa rigueur
Qui triomphe à la fois de vous & de mon cœur,
De plus bas sentimens n'auroient pas meritée
Cette parfaite amour que vous m'auez portée.

SEVERE.

Ah, Pauline, excusez une aueugle douleur
Qui ne cognoist plus rien que l'excez, du malheur,
Ie nommois inconstance & prenois pour des crimes
D'vn vertueux deuoir les efforts legitimes.
De grace, monstrez moins à mes sens desolez,
La grandeur de ma perte & ce que vous valez,
Et cachant par pitié cette vertu si rare
Qui redouble mes feux lors qu'elle nous separe,
Faites voir des defauts qui puissent à leur tour
Affoiblir ma douleur auecque mon amour.

PAVLINE.

Helas ! cette vertu quoy qu'en fin inuincible
Ne laisse que trop voir vne ame trop sensible,
Ces pleurs en sont témoins & ces lâches soûpirs
Qu'arrachent de nos feux les cruels souuenirs,
Trop rigoureux effets d'vne aymable presence
Contre qui mon deuoir a trop peu de defense,

Mais si vous estimez ce vertueux deuoir,
Conseruez-m'en la gloire & cessez de me voir,
Espargnez-moy des pleurs qui coulent à ma honte,
Espargnez-moy des feux qu'à regret ie surmonte,
En fin épargnez-moy ces tristes entretiens
Qui ne font qu'irriter vos tourmens & les miens.

SEVERE.

Que ie me priue ainsi du seul bien qui me reste!

PAVLINE.

Sauuez-vous d'vne veuë à tous les deux funeste.

SEVERE.

Quel prix de mon amour! quel fruit de mes trauaux!

PAVLINE.

C'est le remede seul qui peut guerir nos maux.

SEVERE.

Ie veux mourir des miens, aymez-en la memoire.

PAVLINE.

Ie veux guerir des miens, ils soüilleroient ma gloire.

E ij

POLYEVCTE

SEVERE.

Ah, puifque voftre gloire en prononce l'Arreft
Il faut que ma douleur cede à fon intereft,
D'vn cœur comme le mien qu'eft-ce qu'elle n'obtienne?
Vous réueillez les foins que ie dois à la mienne,
Adieu, ie vay chercher au milieu des combats
Cette immortalité que donne vn beau trépas,
Et remplir dignement par vne mort pompeufe
De mes premiers exploits l'attente auantageufe,
Si toutefois apres ce coup mortel du fort
I'ay de la vie affez pour chercher vne mort.

PAVLINE.

Et moy dont voftre veuë augmente le fupplice,
Ie la veux éuiter mefmes au facrifice,
Et feule dans ma chambre enfermant mes regrets
Ie vay pour vous aux Dieux faire des vœux fecrets.

SEVERE.

Puiffe le iufte Ciel content de ma ruine
Combler d'heur & de iours Polyeucte & Pauline.

PAVLINE.

Puiffe trouuer Seuere apres tant de malheur
Vne felicité digne de fa valeur.

SEVERE.

Il la trouuoit en vous.

PAVLINE.

Ie dependois d'vn pere.

SEVERE.

O deuoir qui me perd & qui me defefpere!
Adieu trop vertueux obiet & trop charmant.

PAVLINE.

Adieu trop malheureux & trop parfait amant.

SCENE III.

PAVLINE, STRATONICE.

STRATONICE.

IE vous ay plains tous deux, i'en verfe encor des larmes,
Mais du moins voftre efprit eft hors de fes alarmes,
Vous voyez clairement que voftre fonge eft vain,
Seuere ne vient pas la vangeance à la main.

POLYEVCTE

PAVLINE.

Laiſſe-moy reſpirer du moins ſi tu m'as plainte,
Au fort de ma douleur tu rappelles ma crainte,
Souffre vn peu de relâche à mes eſprits troublez
Et ne m'accable point par des maux redoublez.

STRATONICE.

Quoy, vous craignez encor!

PAVLINE.

Ie tremble, Stratonice,
Et quoy que ie m'effraye auec peu de iuſtice,
Cette iniuſte frayeur ſans ceſſe reproduit
L'image des malheurs que i'ay veus cette nuit.

STRATONICE.

Seuere eſt genereux.

PAVLINE.

Malgré ſa retenuë
Polyeucte ſanglant frappe touſiours ma veuë.

STRATONICE.

Vous-meſme eſtes témoin des vœux qu'il fait pour luy.

PAVLINE.

Ie croy mefme au befoin qu'il feroit fon appuy,
Mais foit cette croyance ou fauffe ou veritable,
Son feiour en ce lieu m'eft toufiours redoutable,
A quoy que fa vertu le puiffe difpofer
Il eft puiffant, il m'ayme, & vient pour m'époufer.

SCENE IV.

POLYEVCTE, NEARQVE, PAVLINE, STRATONICE.

POLYEVCTE.

C'Eft trop verfer de pleurs, il eft temps qu'ils tarif-
fent,
Que voftre douleur ceffe & vos craintes finiffent,
Malgré les faux aduis par vos Dieux enuoyez
Ie fuis viuant, Madame, & vous me reuoyez.

POLYEVCTE

PAVLINE.

Le iour est encor long, & ce qui plus m'effraye
La moitié de l'aduis se trouue desia vraye,
I'ay creu Seuere mort, & ie le vois icy.

POLYEVCTE.

Ie le sçay, mais en fin i'en prens peu de soucy.
Ie suis dans Melitene, & quel que soit Seuere,
Voftre pere y commande, & l'on m'y confidere,
Et ie ne penfe pas qu'on puiffe auec raifon
D'vn cœur tel que le fien craindre vne trahifon,
On m'auoit affeuré qu'il vous faifoit vifite,
Et ie venois luy rendre vn honneur qu'il merite.

PAVLINE.

Il vient de me quitter affez trifte & confus,
Mais i'ay gagné fur luy qu'il ne me verra plus.

POLYEVCTE.

Quoy! vous me foupçonnez desia de quelque ombrage!

PAVLINE.

Ie ferois à tous trois vn trop fenfible outrage,

I'affeure

I'asseure mon repos que troublent ses regards,
La vertu la plus ferme éuite les hazards,
Qui s'expose au peril veut bien trouuer sa perte,
Et pour vous en parler auec vne ame ouuerte,
Depuis qu'vn vray merite a pû nous enflamer
Sa presence tousiours a droit de nous charmer.
Outre qu'on doit rougir de s'en laisser surprendre,
On souffre à resister, on souffre à s'en defendre,
Et bien que la vertu triomphe de ces feux
La victoire est penible & le combat honteux.

POLYEVCTE.

O vertu trop parfaite, & deuoir trop sincere,
Que vous deuez couster de regrets à Seuere!
Qu'aux dépens d'vn beau feu vous me rendez heureux,
Et que vous estes doux à mon cœur amoureux!
Plus ie voy mes defauts & plus ie vous contemple,
Plus i'admire....

F

SCENE V.

POLYEVCTE, PAVLINE, NEARQVE, STRATO-NICE, CLEON.

CLEON.

SEigneur, Felix vous mande au Temple,
La victime est choisie & le peuple à genoux,
Et pour sacrifier on n'attend plus que vous.

POLYEVCTE.

Va, nous allons te suyure. Y venez-vous, Madame?

PAVLINE.

Seuere craint ma veuë, elle irrite sa flame,
Ie luy tiendray parole, & ne veux plus le voir.
Adieu, vous l'y verrez, pensez à son pouuoir,
Et vous ressouuenez que sa faueur est grande.

POLYEVCTE.

Allez, tout son credit n'a rien que i'apprehende,
Et comme ie cognoy sa generosité
Nous ne nous combatrons que de ciuilité.

SCENE VI.

POLYEVCTE, NEARQVE.

NEARQVE.

OV pensez-vous aller?

POLYEVCTE.

Au Temple où l'on m'appelle.

NEARQVE.

Quoy! vous mesler aux vœux d'vne troupe infidelle?
Oubliez-vous desia que vous estes Chrestien?

POLYEVCTE.

Vous par qui ie le suis, vous en souuient-il bien?

F ij

POLYEVCTE

NEARQVE.

I'abhorre les faux Dieux.

POLYEVCTE.

Et moy ie les deteste.

NEARQVE.

Ie tiens leur culte impie.

POLYEVCTE.

Et ie le tiens funeste.

NEARQVE.

Fuyez donc leurs Autels.

POLYEVCTE.

Ie les veux renuerser,
Et mourir dans leur Temple, ou bien les en chasser.
Allons, mon cher Nearque, allons aux yeux des hommes
Brauer l'idolatrie & monstrer qui nous sommes,
C'est l'attente du Ciel, il nous la faut remplir,
Ie le viens de promettre, & ie vay l'accomplir:
Ie rends graces au Dieu que tu m'as fait cognoistre
De cette occasion qu'il a si tost fait naistre,
Où desia sa bonté preste à me couronner
Daigne éprouuer la foy qu'il vient de me donner.

NEARQVE.

Ce zele est trop ardent, souffrez qu'il se modere.

POLYEVCTE.

On n'en peut auoir trop pour le Dieu qu'on reuere.

NEARQVE.

Vous trouuerez la mort?

POLYEVCTE.

Ie la cherche pour luy.

NEARQVE.

Et si ce cœur s'ébransle?

POLYEVCTE.

Il sera mon appuy.

NEARQVE.

Il ne commande point que l'on s'y precipite.

· POLYEVCTE.

Plus elle est volontaire, & plus elle merite.

NEARQVE.

Il suffit, sans chercher, d'attendre & de souffrir.

POLYEVCTE

POLYEVCTE.

On souffre auec regret quand on n'ose s'offrir.

NEARQVE.

Mais dans ce Temple en fin la mort est asseurée.

POLYEVCTE.

Mais dans le Ciel desia la palme est preparée.

NEARQVE.

Par vne sainte vie il la faut meriter.

POLYEVCTE.

Mes crimes en viuant me la pourroient oster,
Pourquoy mettre au hazard ce que la mort asseure?
Quand elle ouure le Ciel peut-elle sembler dure?
Je suis Chrestien, Nearque, & le suis tout à fait,
La foy que i'ay receuë aspire à son effet,
Qui fuit croit lâchement & n'a qu'vne foy morte.

NEARQVE.

Voyez que vostre vie à Dieu mesmes importe,
Viuez pour proteger les Chrestiens en ces lieux.

POLYEVCTE.

L'exemple de ma mort les fortifiera mieux.

NEARQVE.

Vous voulez donc mourir!

POLYEVCTE.

Vous aymez donc à viure!

NEARQVE.

Ie ne puis déguiser que i'ay peine à vous suyure,
Sous l'horreur des tourmens ie crains de succomber.

POLYEVCTE.

Qui marche asseurément n'a point peur de tomber,
Dieu fait part au besoin de sa force infinie,
Qui craint de le nier dans son ame le nie,
Il croit le pouuoir faire, & doute de sa foy.

NEARQVE.

Qui n'apprehende rien présume trop de soy.

POLYEVCTE.

I'attens tout de sa grace & rien de ma foiblesse;
Mais loin de me presser il faut que ie vous presse,
D'où vient cette froideur?

NEARQVE.

Dieu mesme a craint la mort.

POLYEVCTE.

Il s'est offert pourtant, suyuons ce saint effort,
Dressons-luy des Autels sur des monceaux d'Idoles,
Il faut (ie me souuiens encor de vos paroles)
Negliger pour luy plaire, & femme, & biens, & rang,
Exposer pour sa gloire & verser tout son sang,
Helas, qu'auez-vous fait de cette amour parfaite
Que vous me souhaitiez & que ie vous souhaite?
S'il vous en'reste encor, n'estes-vous point ialoux
Qu'à grand peine Chrestien i'en monstre plus que vous?

NEARQVE.

Vous sortez du Baptesme, & ce qui vous anime
C'est sa grace qu'en vous n'affoiblit aucun crime,
Comme encor toute entiere elle agit pleinement,
Et tout semble possible à son feu vehement:
Mais cette mesme grace en moy diminuée,
Et par mille pechez sans cesse extenuée,
Agit aux grands effets auec tant de langueur
Que tout semble impossible à son peu de vigueur.
Cette indigne mollesse & ces lâches defenses
Sont des punitions qu'attirent mes offenses,

Mais

Mais Dieu dont on ne doit iamais se deffier
Me donne voſtre exemple à me fortifier.
Allons, cher Polyeuĉte, allons aux yeux des hommes
Brauer l'idolatrie & monſtrer qui nous ſommes,
Puiſſay-ie vous donner l'exemple de ſouffrir
Comme vous me donneʒ celuy de vous offrir.

POLYEVCTE.

A cét heureux tranſport que le Ciel vous enuoye,
Je recognoy Nearque & i'en pleure de ioye:
Ne perdons plus de temps, le ſacrifice eſt preſt,
Allons-y du vray Dieu ſouſtenir l'intereſt,
Allons fouler aux pieds ce foudre ridicule
Dont arme vn bois pourry ce peuple trop credule,
Allons-en éclairer l'aueuglement fatal,
Allons briſer ces Dieux de pierre & de metal,
Abandonnons nos iours à cette ardeur celeſte,
Faiſons triompher Dieu, qu'il diſpoſe du reſte.

NEARQVE.

Allons faire éclater ſa gloire aux yeux de tous,
Allons mourir pour luy comme il eſt mort pour nous.

Fin du ſecond Acte.

G

ACTE III.

SCENE PREMIERE.

PAVLINE.

Ve de foucis flottans! que de confus nuages
Prefentent à mes yeux d'inconftantes images!
Douce tranquillité que ie n'ofe efperer
Que ton diuin rayon tarde à les éclairer!
Mille penfers diuers que mes troubles produifent
Dans mon cœur incertain à l'enuy fe détruifent,
Nul efpoir ne me flate où i'ofe perfifter,
Nulle peur ne m'effraye où i'ofe m'arrefter,
Mon efprit embraffant tout ce qu'il s'imagine
Veut tantoft mon bon-heur & tantoft ma ruine,
L'vn & l'autre le frappe auec fi peu d'effet
Qu'il ne peut efperer ny craindre tout a fait.
Seuere inceffamment broüille ma fantaifie,
J'efpere en fa vertu, ie crains fa ialoufie,
Et ie n'ofe penfer que d'vn œil bien égal
Polyeucte en ces lieux puiffe voir fon riual.

TRAGEDIE.

Comme entre deux riuaux la haine est naturelle,
L'entreueuë aisément se termine en querelle,
L'vn voit aux mains d'autruy ce qu'il croit meriter,
L'autre vn desesperé qui le luy veut oster,
Quelque haute raison qui regle leur courage
L'vn conçoit de l'enuie & l'autre de l'ombrage,
La honte d'vn affront que chacun d'eux croit voir,
Ou de nouueau receuë, ou preste à receuoir,
Consumant dés l'abord toute leur patience
Forme de la colere & de la deffiance,
Et saississant ensemble & l'époux & l'amant,
En dépit d'eux les liure à leur ressentiment.
Mais que ie me figure vne estrange chimere,
Et que ie traitte mal Polyeucte & Seuere!
Comme si la vertu de ces fameux riuaux
Ne pouuoit s'affranchir de ces communs defauts.
Leurs ames à tous deux d'elles-mesmes maistresses
Sont d'vn ordre trop haut pour de telles bassesses,
Ils se verront au Temple en hommes genereux,
Mais las ils se verront, & c'est beaucoup pour eux.
Que sert à mon époux d'estre dans Melitene
Si contre luy Seuere arme l'Aigle Romaine,
Si mon pere y commande & craint ce fauory,
Et se repent desia du choix de mon mary?

G ij

Si peu que i'ay d'espoir ne luit qu'auec contrainte,
En naissant il auorte & fait place à la crainte,
Ce qui doit l'affermir sert à le dissiper,
Dieux, faites que ma peur puisse en fin se tromper.

SCENE II.

PAVLINE, STRATONICE.

PAVLINE.

MAis sçachons-en l'issuë. Et bien, ma Stratonice,
Comment s'est terminé ce pompeux sacrifice?
Ces riuaux genereux au Temple se sont veus?

STRATONICE.

Ah! Pauline,

PAVLINE.

Mes vœux ont-il esté deceus?
I'en voy sur ton visage vne mauuaise marque,
Se sont-il querellez?

STRATONICE.

Polyeuƈte, Nearque,

Les Chreſtiens....

PAVLINE.

Parle donc, les Chreſtiens?

STRATONICE.

Ie ne puis.

PAVLINE.

Tu prepares mon ame à d'eſtranges ennuis.

STRATONICE.

Vous n'en ſçauriez auoir vne plus iuſte cauſe.

PAVLINE.

L'ont-il aſſaſſiné?

STRATONICE.

Ce ſeroit peu de choſe,
Tout voſtre ſonge eſt vray, Polyeuƈte n'eſt plus ...

PAVLINE.

Il eſt mort!

STRATONICE.

Non, il vit, mais (ô pleurs superflus)
Ce courage si grand, cette ame si diuine
N'est plus digne du iour ny digne de Pauline.
Ce n'est plus cét époux si charmant à vos yeux,
C'est l'ennemy commun de l'Estat & des Dieux,
Vn meschant, vn infame, vn rebelle, vn perfide,
Vn traistre, vn scelerat, vn lâche, vn parricide,
Vne peste execrable à tous les gens de bien,
Vn sacrilege impie, en vn mot vn Chrestien.

PAVLINE.

Ce mot auroit suffy sans ce torrent d'iniures.

STRATONICE.

Ces tiltres aux Chrestiens sont-ce des impostures?

PAVLINE.

Il est ce que tu dis s'il embrasse leur foy,
Mais il est mon époux & tu parles à moy.

STRATONICE.

Ne consideres plus que le Dieu qu'il adore.

PAVLINE.

Ie l'aymay par deuoir, ce deuoir dure encore.

STRATONICE.

Il vous donne à prefent fuiet de le hayr,
Qui trahit bien les Dieux auroit pû vous trahir.

PAVLINE.

Ie l'aymerois encor quand il m'auroit trahie,
Et fi de cette amour tu peux eftre ébahye,
Apren que mon deuoir ne dépend point du fien,
Qu'il y manque s'il veut, ie dois faire le mien.
Quoy, s'il aymoit ailleurs ferois-ie difpensée
A fuyure à fon exemple vne ardeur infensée?
Quelque Chreftien qu'il foit ie n'en ay point d'horreur,
Ie cheris fa perfonne & ie hay fon erreur.
Mais quel reffentiment en témoigne mon pere?

STRATONICE.

Vne fecrette rage, vn excez de colere,
Malgré qui toutefois vn refte d'amitié
Monftre pour Polyeucte encor quelque pitié,
Il ne veut point fur luy faire agir fa iuftice
Que du traiftre Nearque il n'ait veu le fupplice.

POLYEVCTE

PAVLINE.

Quoy! Nearque en eſt donc?

STRATONICE.

Nearque l'a ſeduit,
De leur vieille amitié c'eſt là l'indigne fruit,
Ce perfide tantoſt en dépit de luy-meſme
L'arrachant de vos bras le traìnoit au Bapteſme;
Voilà ce grand ſecret & ſi myſterieux
Que n'en pouuoit tirer voſtre amour curieux.

PAVLINE.

Tu me blámois alors d'eſtre trop importune.

STRATONICE.

Ie ne préuoyois pas vne telle infortune.

PAVLINE.

Auant qu'abandonner mon ame à mes douleurs
Il me faut eſſayer la force de mes pleurs,
En qualité de femme ou de fille i'eſpere
Qu'ils vaincront vn époux ou fléchiront vn pere,
Que ſi ſur l'vn & l'autre ils manquent de pouuoir
Ie ne prendray conſeil que de mon deſeſpoir.
Apren-moy cependant ce qu'ils ont fait au Temple.

STRAT.

STRATONICE.

C'eſt vne impieté qui n'eut iamais d'exemple,
Je ne puis y penſer ſans fremir à l'inſtant,
Et crains de faire vn crime en vous la racontant.
Apprenez en deux mots leur brutale inſolence.
Le Preſtre auoit à peine obtenu du ſilence,
Et deuers l'Orient aſſeuré ſon aſpect,
Que l'on s'eſt apperçeu de leur peu de reſpect,
A chaque occaſion de la ceremonie
A l'enuy l'vn & l'autre eſtaloit ſa manie,
Des myſteres ſacrez hautement ſe mocquoit,
Et traitoit de mépris les Dieux qu'on inuoquoit.
Tout le peuple en murmure & Felix s'en offence,
Mais tous deux s'emportans à plus d'irreuerence,
Quoy, luy dit Polyeucte en éleuant ſa voix,
Adorez-vous des Dieux, ou de pierre, ou de bois?
Icy diſpenſez-moy du recit des blaſphemes
Qu'ils ont vomy tous deux contre Iupiter meſmes,
L'adultere & l'inceſte en eſtoient les plus doux.
Oyez Felix, ſuit-il, oyez peuple, oyez tous,
Le Dieu de Polyeucte & celuy de Nearque
De la terre & du Ciel eſt l'abſolu Monarque,
Seul maiſtre du deſtin, ſeul eſtre independant,
Subſtance qui iamais ne reçoit d'accident,

H

C'eſt ce Dieu des Chreſtiens qu'il faut qu'on remercie
Des victoires qu'il donne à l'Empereur Decie,
Luy ſeul tient en ſa main le ſuccez des combats,
Il le veut éleuer, il le peut mettre bas,
Sa bonté, ſon pouuoir, ſa iuſtice eſt immenſe,
C'eſt luy ſeul qui punit, luy ſeul qui recompenſe,
Vous adorez en vain des monſtres impuiſſans.
Se iettant à ces mots ſur le vin & l'encens,
Apres en auoir mis les ſaints vaſes par terre
Sans crainte de Felix, ſans crainte du tonnerre,
D'vne fureur pareille ils courent à l'Autel.
Cieux, a-t'on veu iamais, a-t'on rien veu de tel?
Du plus puiſſant des Dieux nous voyons la ſtatuë
Par vne main impie à leurs pieds abbatuë,
Les myſteres troublez, le temple profané,
La fuite & les clameurs d'vn peuple mutiné
Qui craint d'eſtre accablé ſous le couroux celeſte,
Felix.... mais le voicy qui vous dira le reſte.

PAVLINE.

Que ſon viſage eſt ſombre, & plein d'émotion!
Qu'il monſtre de triſteſſe & d'indignation!

SCENE III.

FELIX, PAVLINE, STRATONICE.

FELIX.

VNe telle insolence auoir osé paroistre!
En public! à ma veuë! il en mourra le traistre.

PAVLINE.

Souffrez que vostre fille embrasse vos genoux.

FELIX.

Ie parle de Nearque & non de vostre époux,
Quelque indigne qu'il soit de ce doux nom de gendre
Mon ame luy conserue vn sentiment plus tendre,
La grandeur de son crime & de mon déplaisir
N'a pas esteint l'amour qui me l'a fait choisir.

PAVLINE.

Ie n'attendois pas moins de la bonté d'vn pere.

FELIX.

Je pouuois l'immoler à ma iuste colere,
Car vous n'ignorez pas à quel comble d'horreur
De son audace impie a monté la fureur,
Vous l'auez pû sçauoir du moins de Stratonice.

PAVLINE.

Ie sçay que de Nearque il doit voir le supplice.

FELIX.

Du conseil qu'il doit prendre il sera mieux instruit
Quand il verra punir celuy qui l'a seduit.
Au spectacle sanglant d'vn amy qu'il faut suyure,
La crainte de mourir & le desir de viure
Ressaisissent vne ame auec tant de pouuoir
Que qui voit le trépas cesse de le vouloir.
L'exemple touche plus que ne fait la menace,
Cette indiscrette ardeur tourne bien-tost en glace,
N'en ayez plus l'esprit si fort inquieté,
Il se repentira de son impieté.

PAVLINE.

Quoy ! vous esperez donc qu'il change de courage?

TRAGEDIE.

FELIX.

Aux dépens de Nearque il doit se rendre sage.

PAVLINE.

Il le doit, mais helas, où me renuoyez-vous,
Et quels tristes hazards ne court point mon époux
Si de son inconstance il faut qu'en fin i'espere
Le bien que i'esperois de la bonté d'vn pere?

FELIX.

Ie luy fais trop de grace encor de consentir
Qu'il éuite la mort par vn prompt repentir,
La mesme peine est deuë à des crimes semblables
Et mettant difference entre ces deux coupables,
I'ay trahy la iustice à l'amour paternel,
Ie me suis fait pour luy moy-mesme criminel,
Et i'attendois de vous au milieu de vos craintes
Plus de remercimens que ie n'entends de plaintes.

PAVLINE.

Dequoy remercier qui ne me donne rien?
Ie sçay quelle est l'humeur & l'esprit d'vn Chrestien,
Dans l'obstination iusqu'au bout il demeure,
Vouloir son repentir c'est ordonner qu'il meure.

POLYEVCTE

FELIX.

Sa grace est en sa main, c'est à luy d'y resuer.

PAVLINE.

Faites-la toute entiere.

FELIX.

Il la peut acheuer.

PAVLINE.

Ne l'abandonnez pas aux fureurs de sa secte.

FELIX.

Je l'abandonne aux loix qu'il faut que ie respecte.

PAVLINE.

Est-ce ainsi que d'vn gendre vn beau-pere est l'appuy?

FELIX.

Qu'il face autant pour soy comme ie fais pour luy.

PAVLINE.

Mais il est aueuglé.

FELIX.

Mais il se plaist à l'estre,
Qui cherit son erreur ne la veut pas cognoistre.

PAVLINE.

Mon pere, au nom des Dieux.

FELIX.

　　　　　　Ne les reclamez pas
Ces Dieux dont l'interest demande son trépas.

PAVLINE.

Ils écoutent nos vœux.

FELIX.

　　　　　　Et bien, qu'il leur en fasse.

PAVLINE.

Au nom de l'Empereur dont vous tenez la place.

FELIX.

I'ay son pouuoir en main, mais s'il me l'a commis
C'est pour le déployer contre ses ennemis.

PAVLINE.

Polyeucte l'est-il?

FELIX.

　　　　Tous Chrestiens sont rebelles.

PAVLINE.

N'écoutez point pour luy ces maximes cruelles,
En époufant Pauline il s'eft fait voftre fang.

FELIX.

Ie regarde fa faute & ne voy plus fon rang,
Où le crime d'Eftat fe mefle au facrilege
Le fang ny l'amitié n'ont plus de priuilege.

PAVLINE.

Quel excez de rigueur!

FELIX.

        Moindre que fon forfait.

PAVLINE.

O de mon fonge affreux trop veritable effet!
Voyez qu'auecques luy vous perdez voftre fille.

FELIX.

Les Dieux & l'Empereur font plus que ma famille.

PAVLINE.

La perte de tous deux ne vous peut arrefter!

FELIX.

FELIX.

I'ay les Dieux & Decie enfemble à redouter.
Mais nous n'auons encor à craindre rien de trifte,
Dans fon aueuglement penfez-vous qu'il perfifte?
S'il nous fembloit tantoft courir à fon malheur,
C'eft d'vn nouueau Chreftien la premiere chaleur.

PAVLINE.

Si vous l'aymez encor, quittez cette efperance
Que deux fois en vn iour il change de croyance,
Outre que les Chreftiens ont plus de dureté
Vous attendez de luy trop de legereté.
Ce n'eft point vne erreur auec le lait fuccée
Que fans examiner fon ame ait embraffée,
Polyeucte eft Chreftien parce qu'il l'a voulu,
Et vous portoit au Temple vn efprit refolu.
Vous deuez prefumer de luy comme du refte,
Le trépas n'eft pour eux ny honteux, ny funefte,
Ils cherchent de la gloire à méprifer les Dieux,
Aueugles pour la terre ils afpirent aux Cieux,
Et croyans que la mort leur en ouure la porte,
Tourmentez, déchirez, affaffinez, n'importe,
Les fupplices leur font ce qu'à nous les plaifirs,

I

Et les ménent au but où tendent leurs defirs:
La mort la plus infame ils l'appellent Martyre.

FELIX.

Et bien donc Polyeucte aura ce qu'il defire,
N'en parlons plus.

PAVLINE.

Mon pere.

SCENE IV.

FELIX, ALBIN, PAVLINE, STRATONICE.

FELIX.

Albin, en eft-ce fait?

ALBIN.

Ouy, Seigneur, & Nearque a payé fon forfait.

FELIX.

Et noſtre Polyeucte a veu trancher ſa vie?

ALBIN.

Il l'a veu, mais, helas! auec vn œil d'enuie,
Il brûle de le ſuyure au lieu de reculer,
Et ſon cœur s'affermit au lieu de s'ébranler.

PAVLINE.

Ie vous le diſois bien, encor vn coup, mon pere,
Si iamais mon reſpeƈt a pû vous ſatisfaire,
Si vous l'auez priſé, ſi vous l'auez chery …

FELIX.

Vous aymez trop, Pauline, vn indigne mary.

PAVLINE.

Ie l'ay de voſtre main, mon amour eſt ſans crime,
Il eſt de voſtre choix la glorieuſe eſtime,
Et i'ay pour l'accepter eſteint les plus beaux feux
Qui d'vne ame bien née ayent merité les vœux.
Au nom de cette aueugle & prompte obeyſſance
Que i'ay touſiours renduë aux loix de la naiſſance,

Si vous auez pû tout fur moy , fur mon amour,
Que ie puiſſe fur vous quelque choſe à mon tour.
Par ce iuſte pouuoir à preſent trop à craindre,
Par ces beaux ſentimens qu'il m'a fallu contraindre,
Ne m'oſtez pas vos dons , ils ſont chers à mes yeux,
Et m'ont aſſez couſté pour m'eſtre precieux.

FELIX.

Vous m'importunez trop.

PAVLINE.

Dieux ! que viens-ie d'entendre !

FELIX.

Ie n'ayme la pitié qu'au prix que i'en veux prendre,
Par tant de vains efforts mal-gré moy m'en toucher
C'eſt perdre auec le temps des pleurs à me fâcher,
Vous m'en auez donné, mais ie veux bien qu'on ſçache
Que ie la deſauouë alors qu'on me l'arrache,
Preparez-vous à voir ce malheureux Chreſtien,
Et faites voſtre effort quand i'auray fait le mien,
Allez, n'irritez plus vn pere qui vous ayme,
Et tâchez d'obtenir voſtre eſpoux de luy-meſme,
Tantoſt iuſques icy ie le feray venir,
Cependant quittez-nous , ie veux l'entretenir.

PAVLINE.

De grace permettez....

FELIX.

Laiſſez-nous ſeuls, vous diſ-ie,
Voſtre douleur m'offence autant qu'elle m'afflige,
A gaigner Polyeucte appliquez tous vos ſoins,
Vous auancerez plus en m'importunant moins.

SCENE V.

FELIX, ALBIN.

FELIX.

Albin, *comme eſt-il mort ?*

ALBIN.

En brutal , en impie,
En brauant les tourmens , en dédaignant la vie,
Sans regret , ſans murmure , & ſans eſtonnement,
Dans l'obſtination & l'endurciſſement,
Comme vn Chreſtien en fin , le blaſpheme à la bouche.

FELIX.

Et l'autre?

ALBIN.

Ie l'ay dit defia, rien ne le touche,
Loin d'en eſtre abbatu, ſon cœur en eſt plus haut,
On l'a violenté pour quitter l'échaffaut,
Il eſt dans la priſon où ie l'ay veu conduire,
Mais vous n'eſtes pas preſt encor de le reduire.

FELIX.

Que ie ſuis malheureux!

ALBIN.

Tout le monde vous plaint.

FELIX.

On ne ſçait pas les maux dont mon cœur eſt atteint.
De penſers ſur penſers mon ame eſt agitée,
De ſoucis ſur ſoucis elle eſt inquietée,
Ie ſens l'amour, la haine, & la crainte & l'eſpoir;
La ioye & la douleur tour a tour l'émouuoir,
I'entre en des ſentimens qui ne ſont pas croyables,
I'en ay de violents, i'en ay de pitoyables,
I'en ay de genereux qui n'oſeroient agir,
I'en ay meſmes de bas & qui me font rougir.

TRAGEDIE.

I'ayme ce malheureux que i'ay choisy pour gendre,
Ie hay l'aueugle erreur qui le vient de surprendre,
Ie deplore sa perte, & le voulant sauuer
I'ay la gloire des Dieux ensemble à conseruer,
Ie redoute leur foudre & celuy de Decie,
Il y va de ma charge, il y va de ma vie,
Ainsi tantost pour luy ie m'expose au trépas,
Et tantost ie le perds pour ne me perdre pas.

ALBIN.

Decie excusera l'amitié d'vn beau-pere,
Et d'ailleurs Polyeucte est d'vn sang qu'on reuere.

FELIX.

A punir les Chrestiens son ordre est rigoureux,
Et plus l'exemple est grand, plus il est dangereux.
On ne distingue point quand l'offence est publique,
Et lors qu'on dissimule vn crime domestique
Par quelle authorité peut-on, par quelle loy
Chastier en autruy ce qu'on souffre chez soy?

ALBIN.

Si vous n'osez auoir d'égard à sa personne,
Escriuez à Decie afin qu'il en ordonne.

POLYEVCTE
FELIX.

Seuere me perdroit si i'en vsois ainsi,
Sa haine & son pouuoir font mon plus grand soucy.
Si i'auois differé de punir vn tel crime,
Quoy qu'il soit genereux, quoy qu'il soit magnanime,
Il est homme, & sensible, & ie l'ay dédaigné,
Et des mépris receus son esprit indigné
Que met au desespoir cét Hymen de Pauline
Du courroux de Decie obtiendroit ma ruine.
Pour vanger vn affront tout semble estre permis,
Et les occasions tentent les plus remis.
Peut-estre, (& ce soupçon n'est pas sans apparence)
Il r'allume en son cœur desia quelque esperance,
Et croyant bien-tost voir Polyeucte puny
Il r'appelle vn amour à grand peine banny.
Iuge si sa colere en ce cas implacable
Me feroit innocent de sauuer vn coupable,
Et s'il m'épargneroit voyant par mes bontez
Vne seconde fois ses desseins auortez.
Te diray-ie vn penser indigne, bas, & lâche?
Ie l'étouffe, il renaist, il me flatte & me fache,
L'ambition tousiours me le vient presenter,
Et tout ce que ie puis c'est de le detester.

                                        Polyeucte

Polyeucte est icy l'appuy de ma famille,
Mais si par son trépas l'autre épousoit ma fille,
I'acquerrois bien par là de plus puissans appuys
Qui me mettroient plus haut cent fois que ie ne suis.
Mon cœur en prend par force vne maligne ioye,
Mais que plustost le Ciel à tes yeux me foudroye
Qu'à des pensers si bas ie puisse consentir,
Que iusques la ma gloire ose se démentir.

ALBIN.

Vostre cœur est trop bon, & vostre ame trop haute,
Mais vous resoluez-vous a punir cette faute?

FELIX.

Ie vay dans la prison faire tout mon effort
A vaincre cét esprit par l'effroy de la mort,
I'employeray puis apres le pouuoir de Pauline.

ALBIN.

Que ferez-vous en fin si tousiours il s'obstine?

FELIX.

Ne me presse point tant, dans vn tel déplaisir
Ie ne puis que resoudre & ne sçay que choisir.

K

ALBIN.

Ie dois vous aduertir en seruiteur fidelle
Qu'en sa faueur desia la ville se rebelle,
Et ne peut voir passer par la rigueur des loix
Sa derniere esperance & le sang de ses Roys:
Et mesmes sa prison n'est pas fort asseurée,
I'ay laissé tout autour vne troupe éplorée,
Ie crains qu'on ne la force.

FELIX.

Il faut donc l'en tirer,
Et l'amener icy pour nous en asseurer.

ALBIN.

Tirez-l'en donc vous-mesme, & d'vn espoir de grace
Appaisez la fureur de cette populace.

FELIX.

Allons, & s'il persiste à demeurer Chrestien
Nous en disposerons sans qu'elle en sçache rien.

Fin du troisiéme Acte.

ACTE IV.

SCENE PREMIERE.

POLYEVCTE, CLEON,

Trois autres Gardes.

POLYEVCTE.

Ardes, que me veut-on?

CLEON.

Pauline vous demande.

POLYEVCTE.

O presence, ô combat que sur tout i'apprehende !
Felix, dans la prison i'ay triomphé de toy,
I'ay ry de ta menace & t'ay veu sans effroy,

K ij

POLYEVCTE

Tu prends pour t'en vanger de plus puissantes armes,
Ie craignois beaucoup moins tes bourreaux que ses lar-
    mes.
Seigneur, qui vois icy les perils que ie cours,
En ce pressant besoin redouble ton secours,
Et toy qui tout sortant encor de la victoire
Regardes mes trauaux du seiour de la gloire,
Cher Nearque, pour vaincre vn si fort ennemy
Preste du haut du Ciel la main a ton amy.
Gardes, oseriez-vous me rendre vn bon office?

CLEON.

Nous n'osons plus, Seigneur, vous rendre aucun seruice.

POLYEVCTE.

Ie ne vous parle pas de me faire éuader,
Mais comme il suffira de trois à me garder,
L'autre m'obligeroit d'aller querir Seuere,
Ie croy que sans peril cela se peut bien faire,
Si i'auois pû luy dire vn secret important
Il viuroit plus heureux & ie mourrois content.

CLEON.

Puisque c'est pour Seuere à tout ie me dispense.

POLYEVCTE.

Luy-mesme à mon defaut fera ta recompense,
Le plustost vaut le mieux, va donc, & promptement.

CLEON.

I'y cours & mous m'aurez icy dans vn moment.

※※※※※※※※※※※※※※※※※※※※※※※※

SCENE II.

POLYEVCTE seul,

ses gardes s'estant retirez aux coins du Theatre.

SOurce delicieuse en miseres feconde,
Que voulez-vous de moy flatteuses voluptez?
Honteux attachemens de la chair & du monde
Que ne me quittez-vous quand ie vous ay quittez?
Allez honneurs, plaisirs qui me liurez la guerre,
 Toute vostre felicité
 Suiette à l'instabilité
 En moins de rien tombe par terre,
 Et comme elle a l'éclat du verre
 Elle en a la fragilité.

Ainſi n'eſperez pas qu'apres vous ie ſoûpire,
Vous eſtalez en vain vos charmes impuiſſans,
Vous me monſtrez en vain par tout ce vaſte Empire
Les ennemis de Dieu pompeux & floriſſans:
Il eſtale à ſon tour des reuers équitables
      Par qui les grands ſont confondus,
      Et les glaiues qu'il tient pendus
      Deſſus ces illuſtres coupables
      Sont d'autant plus inéuitables
      Que leurs coups ſont moins attendus.
Tigre affamé de ſang, Decie impitoyable,
Ce Dieu t'a trop long-temps abandonné les ſiens,
De ton heureux deſtin voy la ſuite effroyable,
Le Scythe va vanger la Perſe & les Chreſtiens:
Encor vn peu plus outre & ton heure eſt venuë,
      Rien ne t'en ſçauroit garantir,
      Et la foudre qui va partir
      Toute preſte a creuer la nuë
      Ne peut plus eſtre retenuë
      Par l'attente du repentir.
Que cependant Felix m'immole à ta colere,
Qu'vn riual plus puiſſant luy donne dans les yeux,
Qu'aux dépens de ma vie il s'en face beau-pere,
Et qu'à tiltre d'eſclaue il commande en ces lieux,

Ie consens ou plustost i'aspire à ma ruine,
   Vains appas, vous ne m'estes rien,
   Ie porte en vn cœur tout Chrestien
   Vne flame toute diuine,
   Et ie ne regarde Pauline
   Que comme vn obstacle à mon bien.
Saintes douceurs du Ciel, adorables Idées,
Vous remplissez vn cœur qui vous peut receuoir,
De vos sacrez attraits les ames possedées
Ne conçoiuent plus rien qui les puisse émouuoir:
Vous promettez beaucoup, & donnez dauantage,
   Vos biens ne sont point inconstans,
   Et l'heureux trépas que i'attens
   Ne vous sert que d'vn doux passage
   Pour nous introduire au partage
   Qui nous rend à iamais contens.
C'est vous, ô feu diuin que rien ne peut éteindre,
Qui m'allez faire voir Pauline sans la craindre,
Ie la voy, mais mon cœur d'vn saint zele enflamé
N'en gouste plus l'appas dont il estoit charmé,
Et mes yeux éclairez des celestes lumieres
Ne trouuent plus aux siens leurs graces coustumieres.

SCENE III.

POLYEVCTE, PAVLINE,
Gardes.

POLYEVCTE.

MAdame, quel deſſein vous fait me demander?
Eſt-ce pour me combatre, ou pour me ſeconder,
Et l'effort genereux de cette amour parfaite
Vient-il à mon ſecours ou bien à ma deffaite?
Apportez-vous icy la haine ou l'amitié
Comme mon ennemie ou ma chere moitié?

PAVLINE.

Vous n'auez point icy d'ennemis que vous-meſme,
Vous ſeul vous hayſſez lors que chacun vous ayme,
Vous ſeul executez tout ce que i'ay reſvé,
Ne vueillez pas vous perdre, & vous eſtes ſauué,
A quelque extremité que voſtre crime paſſe
Vous eſtes innocent ſi vous vous faites grace.
Daignez conſiderer le ſang dont vous ſortez,
Vos grandes actions, vos rares qualitez,

Chery

Chery de tout le peuple, estimé chez le Prince,
Gendre du Gouuerneur de toute la Prouince;
Ie ne vous conte à rien le nom de mon époux,
C'est vn bon-heur pour moy qui n'est pas grand pour vous,
Mais apres vos exploits, apres vostre naissance,
Apres vostre pouuoir, voyez, nostre esperance,
Et n'abandonnez pas à la main d'vn bourreau
Ce qu'à nos iustes vœux promet vn sort si beau.

POLYEVCTE.

Ie considere plus, ie sçay mes auantages,
Et l'espoir que sur eux forment les grands courages,
Ils n'aspirent en fin qu'à des biens passagers,
Que troublent les soucys, que suyuent les dangers,
La mort nous les rauit, la fortune s'en iouë,
Auiourd'huy dans le trosne, & demain dans la bouë,
Et leur plus haut éclat fait tant de mécontens
Que peu de vos Cesars en ont iouy long-temps.
I'ay de l'ambition, mais plus noble & plus belle,
Cette grandeur perit, i'en veux vne immortelle,
Vn bon-heur asseuré, sans mesure, & sans fin,
Au dessus de l'enuie, au dessus du destin.
Est-ce trop l'acheter que d'vne triste vie,
Qui tantost, qui soudain me peut estre rauie,

L

Qui ne me fait iouyr que d'vn inſtant qui fuit,
Et ne peut m'aſſeurer de celuy qui le fuit?

PAVLINE.

Voilà de vos Chreſtiens les ridicules ſonges,
Voilà iuſqu'à quel point vous charment leurs menſonges,
Tout voſtre ſang eſt peu pour vn bon-heur ſi doux,
Mais pour en diſpoſer ce ſang eſt-il à vous?
Vous n'auez pas la vie ainſi qu'vn heritage,
Le iour qui vous la donne en meſme temps l'engage,
Vous la deuez au Prince, au public, à l'Eſtat.

POLYEVCTE.

Ie la voudrois pour eux perdre dans vn combat,
Ie ſçay quel en eſt l'heur, & quelle en eſt la gloire,
Des ayeux de Decie on vante la memoire,
Et ce nom precieux encor à vos Romains
Au bout de ſix cens ans luy met l'Empire aux mains.
Ie dois ma vie au peuple, au Prince, à ſa Couronne,
Mais ie la dois bien plus au Dieu qui me la donne,
Si mourir pour ſon Prince eſt vn illuſtre ſort,
Quand on meurt pour ſon Dieu, quelle ſera la mort?

PAVLINE.

Quel Dieu!

POLYEVCTE.

Tout-beau, Pauline, il entend vos paroles,
Et ce n'eſt pas vn Dieu comme vos Dieux friuoles,
Inſenſibles & ſourds, impuiſſans, mutilez,
De bois, de marbre, ou d'or, comme vous les voulez:
C'eſt le Dieu des Chreſtiens, c'eſt le mien, c'eſt le voſtre,
Et la terre & le Ciel n'en cognoiſſent point d'autre.

PAVLINE.

Adorez-le dans l'ame & n'en témoignez rien.

POLYEVCTE.

Que ie ſois tout enſemble idolâtre & Chreſtien!

PAVLINE.

Ne ſeignez qu'vn moment, laiſſez partir Seuere,
Et donnez lieu d'agir aux bontez de mon pere.

POLYEVCTE.

Les bontez de mon Dieu ſont bien plus à cherir.
Il m'oſte des perils que i'aurois pû courir,
Et ſans me laiſſer lieu de tourner en arriere
Sa faueur me couronne entrant dans la carriere,
Du premier coup de vent il me conduit au port,
Et ſortant du Bapteſme il m'enuoye à la mort.

POLYEVCTE

Si vous pouuiez comprendre & le peu qu'eſt la vie
Et de quelles douceurs cette mort eſt ſuyuie…
Mais que ſert de parler de ces treſors cachez,
A des eſprits que Dieu n'a pas encor touchez?

PAVLINE.

Cruel, car il eſt temps que ma douleur éclate,
Et qu'vn iuſte reproche accable vne ame ingrate,
Eſt-ce là ce beau feu? ſont-ce là tes ſermens?
Témoignes-tu pour moy les moindres ſentimens?
Ie ne te parlois point de l'eſtat déplorable
Où ta mort va laiſſer ta femme inconſolable,
Ie croyois que l'amour t'en parleroit aſſez,
Et ie ne voulois pas de ſentimens forcez.
Mais cette amour ſi ferme & ſi bien meritée
Que tu m'auois promiſe & que ie t'ay portée,
Quand tu me veux quitter, quand tu me fais mourir,
Te peut-elle arracher vne larme, vn ſoûpir?
Tu me quittes, ingrat, & meſmes auec ioye,
Tu ne la caches pas, tu veux que ie la voye,
Et ton cœur inſenſible à ces triſtes appas
Se figure vn bon-heur où ie ne ſeray pas!
C'eſt donc là dégouſt qu'apporte l'Hymenée?
Ie te ſuis odieuſe apres m'eſtre donnée?

POLYEVCTE.

Helas!

PAVLINE.

Que cét helas a de peine à de peine à sortir!
Encore s'il marquoit vn heureux repentir,
Que tout forcé qu'il est i'y trouuerois de charmes!
Mais courage, il s'émeut, ie voy couler des larmes.

POLYEVCTE.

I'en verse, & pleust à Dieu qu'à force d'en verser
Ce cœur trop endurcy se peust en fin percer.
Le déplorable estat où ie vous abandonne
Est bien digne des pleurs que mon amour vous donne,
Et si l'on peut au Ciel emporter des douleurs,
I'en emporte de voir l'excez de vos malheurs.
Mais si dans ce seiour de gloire & de lumiere
Ce Dieu tout iuste & bon peut souffrir ma priere,
S'il y daigne écouter vn coniugal amour,
Sur vostre aueuglement il répandra le iour.
Seigneur, de vos bontez il faut que ie l'obtienne,
Elle a trop de vertu pour n'estre pas Chrestienne,
Auec trop de merite il vous plût la former
Pour ne vous pas cognoistre & ne vous pas aymer,

POLYEVCTE

Pour viure des Enfers efclaue infortunée,
Et fous leur trifte ioug mourir comme elle eft née.

PAVLINE.

Que dis-tu malheureux ? qu'ofes-tu fouhaiter?

POLYEVCTE.

Ce que de tout mon fang ie voudrois acheter.

PAVLINE.

Que pluftoft ....

POLYEVCTE.

   C'eft en vain qu'on fe met en defenfe,
Ce Dieu touche les cœurs lors que moins on y penfe,
Ce bien-heureux moment n'eft pas encor venu,
Il viendra, mais le temps ne m'en eft pas cognu.

PAVLINE.

Quittez cette chimere, & m'aymez.

POLYEVCTE.

      Ie vous ayme
Beaucoup moins que mon Dieu, mais bien plus que moy-
mefme.

PAVLINE.

Au nom de cét amour ne m'abandonnez pas.

POLYEVCTE.

Au nom de cét amour venez suyure mes pas.

PAVLINE.

C'eft peu de me quitter, tu veux donc me feduire?

POLYEVCTE.

C'eft peu d'aller au Ciel, ie vous y veux conduire.

PAVLINE.

Imaginations.

POLYEVCTE.

Celeftes veritez.

PAVLINE.

Eftrange aueuglement.

POLYEVCTE.

Eternelles clartez.

PAVLINE.

Tu préferes la mort à l'amour de Pauline!

POLYEVCTE.

Vous préferez le monde à la bonté diuine!

PAVLINE.

Va cruel, va mourir, tu ne m'aymas iamais.

POLYEVCTE.

Viuez heureuse au monde & me laissez en paix.

PAVLINE.

Ouy, ie t'y vay laisser, ne t'en mets plus en peine,
Ie vay.....

SCENE IV.

POLYEVCTE, PAVLINE, SEVERE, FABIAN, Gardes.

PAVLINE.

MAis quel dessein en ce lieu vous ameine,
Seuere? est-ce le fait d'vn homme genereux
De venir iusque icy brauer vn malheureux?

POL.

POLYEVCTE.

Vous traitez mal, Pauline, vn si rare merite,
A ma seule priere il rend cette visite.
Ie vous ay fait, Seuere, vne inciuilité
Que vous pardonnerez à ma captiuité.
Possesseur d'vn tresor dont ie n'estois pas digne
Souffrez auant mourir que ie vous le resigne,
Et laisse la vertu la plus rare à nos yeux
Qu'vne femme iamais peust receuoir des Cieux
Aux mains du plus vaillant & du plus honneste homme
Qu'ait adoré la terre, & qu'ait veu naistre Rome.
Vous estes digne d'elle, elle est digne de vous,
Ne la refusez pas de la main d'vn époux,
S'il vous a desvnis, sa mort vous va reioindre,
Qu'vn feu iadis si beau n'en deuienne pas moindre,
Rendez-luy vostre cœur, & receuez sa foy,
Viuez heureux ensemble, & mourez comme moy,
C'est le bien qu'à tous deux Polyeucte desire.
Qu'on me mene à la mort, ie n'ay plus rien à dire,
Allons, Gardes, c'est fait.

M

SCENE V.

SEVERE, PAVLINE, FABIAN.

SEVERE.

D Ans mon eſtonnement
Ie ſuis confus pour luy de ſon aueuglement,
Sa reſolution a ſi peu de pareilles
Qu'à peine ie me fie encor à mes oreilles.
Vn cœur qui vous cherit, (mais quel cœur aſſez bas
Auroit pû vous cognoiſtre & ne vous cherir pas?)
Vn homme aymé de vous, ſi toſt qu'il vous poſſede
Sans regret il vous quitte, il fait plus, il vous cede,
Et comme ſi vos feux eſtoient vn don fatal
Il en fait vn preſent luy-meſme à ſon riual.
Certes, ou les Chreſtiens ont d'eſtranges manies
Ou leurs felicitez doiuent eſtre infinies,
Puiſque pour y pretendre ils oſent reietter
Ce que de tout l'Empire il faudroit acheter.
Pour moy ſi mes deſtins vn peu pluſtoſt propices
Euſſent de voſtre Hymen honoré mes ſeruices,

Ie n'aurois adoré que l'éclat de vos yeux,
I'en aurois fait mes Rois, i'en aurois fait mes Dieux,
On m'auroit mis en poudre, on m'auroit mis en cendre
Auant que...

PAVLINE.

    Brisons là, ie crains de trop entendre,
Et que cette chaleur qui sent vos premiers feux
Ne pousse quelque suite indigne de tous deux.
Seuere, cognoissez Pauline toute entiere,
Mon Polyeucte touche à son heure derniere,
Pour acheuer de viure il n'a plus qu'vn moment,
Vous en estes la cause encor qu'innocemment:
Ie ne sçay si vostre ame à vos desirs ouuerte
Auroit osé former quelque espoir sur sa perte,
Mais sçachez qu'il n'est point de si cruels trépas
Où d'vn front asseuré ie ne porte mes pas,
Qu'il n'est point aux Enfers d'horreurs que ie n'endure
Plustost que de soüiller vne gloire si pure,
Que d'épouser vn homme apres son triste sort
Qui de quelque façon soit cause de sa mort,
Et si vous me croyiez d'vne ame si peu saine,
L'amour que i'eus pour vous tourneroit toute en haine.
Vous estes genereux, soyez-le iusqu'au bout,
Mon pere est en estat de vous accorder tout,

         M ij

Il vous craint, & i'auance encor cette parole
Que s'il perd mon époux c'eſt à vous qu'il l'immole:
Sauuez ce malheureux, employez-vous pour luy,
Faites vous vn effort pour luy ſeruir d'appuy.
Ie ſçay que c'eſt beaucoup que ce que ie demande,
Mais plus l'effort eſt grand, plus la gloire en eſt grande,
Conſeruer vn riual dont vous eſtes ialoux
C'eſt vn trait de vertu qui n'appartient qu'à vous,
Et ſi ce n'eſt aſſez de voſtre renommée,
C'eſt beaucoup qu'vne femme autrefois tant aymée,
Et dont l'amour peut-eſtre encor vous peut toucher,
Doiue à voſtre grand cœur ce qu'elle a de plus cher.
Souuenez-vous en fin que vous eſtes Seuere.
Ie m'en vay ſans réponſe apres cette priere,
Et ſi vous n'eſtes tel que ie l'oſe eſperer,
Pour vous priſer encor ie le veux ignorer.

SCENE VI.

SEVERE, FABIAN.

SEVERE.

QV'est-ce-cy, Fabian ? quel nouueau coup de foudre
Tombe sur mon bon-heur & le reduit en poudre ?
Plus ie l'estime prés, plus il est éloigné,
Ie trouue tout perdu quand ie croy tout gagné,
Et tousiours la fortune à me nuire obstinée
Tranche mon esperance aussi-tost qu'elle est née.
Auant qu'offrir des vœux ie reçoy des refus,
Tousiours triste, tousiours & honteux & confus
De voir que lâchement elle ait osé renaistre,
Qu'encor plus lâchement elle ait osé paroistre,
Et qu'vne femme en fin dans l'infelicité
Me face des leçons de generosité.
Vostre belle ame est haute autant que malheureuse,
Mais elle est inhumaine autant que genereuse,
Pauline, & vos douleurs auec trop de rigueur
D'vn amant tout à vous tyrannisent le cœur.

C'eſt donc peu de vous perdre, il faut que ie vous donne,
Que ie ſerue vn riual lors qu'il vous abandonne,
Et que par vn cruel & genereux effort.
Pour vous rendre en ſes mains ie l'arrache à la mort.

FABIAN.

Laiſſez à ſon deſtin cette ingrate famille,
Qu'il accorde s'il veut le pere auec la fille,
Polyeuĉte & Felix, l'épouſe auec l'époux,
D'vn ſi cruel effort quel prix eſperez-vous?

SEVERE.

La gloire de monſtrer à cette ame ſi belle
Que Seuere l'égale & qu'il eſt digne d'elle,
Qu'elle m'eſtoit bien deuë & que l'ordre des Cieux
En me la refuſant m'eſt trop iniurieux.

FABIAN.

Sans accuſer le ſort ny le Ciel d'iniuſtice
Prenez garde au peril qui ſuit vn tel ſeruice,
Vous haʒardez beaucoup, Seigneur, penſez-y bien.
Quoy, vous entreprenez de ſauuer vn Chreſtien?
Pouuez-vous ignorer pour cette ſeĉte impie
Quelle eſt & fut touſiours la haine de Decie?

C'eſt vn crime vers luy ſi grand, ſi capital,
Qu'à voſtre faueur meſme il peut eſtre fatal.

SEVERE.

Cét aduis ſeroit bon pour quelque ame commune,
S'il tient entre ſes mains ma vie & ma fortune,
Ie ſuis encor Seuere, & tout ce grand pouuoir
Ne peut rien ſur ma gloire, & rien ſur mon deuoir.
Icy l'honneur m'oblige & i'y veux ſatisfaire,
Qu'apres le ſort ſe monſtre ou propice ou contraire,
Comme ſon naturel eſt touſiours inconſtant,
Periſſant glorieux ie periray content.
Ie te diray bien plus, mais auec confidence,
La ſecte des Chreſtiens n'eſt pas ce que l'on penſe,
On les hait, la raiſon ie ne la cognoy point,
Et ie ne voy Decie iniuſte qu'en ce point.
Par curioſité i'ay voulu les cognoiſtre,
On les tient pour ſorciers dont l'Enfer eſt le maiſtre,
Et ſur cette croyance on punit du trépas
Des myſteres ſecrets que nous n'entendons pas.
Mais Ceres Eleuſine, & la Bonne Deeſſe
Ont leurs ſecrets comme eux à Rome & dans la Grece,
Encor impunément nous ſouffrons en tous lieux
Leur Dieu ſeul excepté toute ſorte de Dieux,

POLYEVCTE

Tous les monstres d'Egypte ont leur Temple dans Rome,
Nos ayeux à leur gré faisoient vn Dieu d'vn homme,
Et leur sang parmy nous conservant leurs erreurs
Nous remplissons le Ciel de tous nos Empereurs,
Mais à parler sans fard de tant d'Apotheoses,
L'effet est bien douteux de ces Metamorphoses.
Les Chrestiens n'ont qu'vn Dieu, maistre absolu de tout,
De qui le seul vouloir fait tout ce qu'il resout:
Mais si i'ose entre nous dire ce qui me semble,
Les nostres bien souvent s'accordent mal ensemble,
Et me deust leur colere écraser à tes yeux
Nous en auons beaucoup pour estre de vrais Dieux.
Peut-estre qu'apres tout ces croyances publiques
Ne sont qu'inuentions de sages Politiques,
Pour contenir vn peuple, ou bien pour l'émouuoir,
Et dessus sa foiblesse affermir leur pouuoir.
Enfin chez les Chrestiens les mœurs sont innocentes,
Les vices detestez, les vertus florissantes,
Iamais vn adultere, vn traistre, vn assassin,
Iamais d'yurognerie & iamais de larcin,
Ce n'est qu'amour entr'eux, que charité sincere,
Chacun y cherit l'autre, & le secourt en frere,
Ils font des vœux pour nous qui les persecutons,
Et depuis tant de temps que nous les tourmentons

Les

Les a-t'on veu mutins ? les a-t'on veu rebelles ?
Nos Princes ont-ils eu des soldats plus fidelles ?
Furieux dans la guerre ils souffrent nos bourreaux,
Et lyons au combat ils meurent en agneaux.
I'ay trop de pitié d'eux pour ne les pas defendre,
Allons trouuer Felix, commençons par son gendre,
Et contentons ainsi d'vne seule action
Et Pauline, & ma gloire, & ma compassion.

Fin du quatriéme Acte.

N

ACTE V.

SCENE PREMIERE.

FELIX, ALBIN, CLEON.

FELIX.

Lbin, as-tu bien veu la fourbe de Seuere?
As-tu bien veu sa haine, & vois-tu ma misere?

ALBIN.

Ie n'ay veu rien en luy qu'vn riual genereux,
Et ne voy rien en vous qu'vn pere rigoureux.

FELIX.

Que tu le cognois mal! tout son fait n'est que mine,
Dans l'ame il hait Felix & dédaigne Pauline,

Et s'il l'ayma iadis, il estime auiourd'huy
Les restes d'vn riual trop indignes de luy.
Il parle en sa faueur, il me prie, il menace,
Et me perdra, dit-il, si ie ne luy fais grace,
Tranchant du genereux il croit m'époüuanter;
L'artifice est trop lourd pour ne pas l'éuenter,
Ie cognois auant luy la Cour & ses intriques,
I'en cognoy les destours, i'en cognoy les pratiques,
C'est en vain qu'il tempeste & feint d'estre en fureur,
Ie voy ce qu'il pretend auprés de l'Empereur,
De ce qu'il me demande il m'y feroit vn crime,
Espargnant son riual ie serois sa victime,
Et s'il auoit affaire à quelque mal-adroit,
Le piege est bien tendu, sans doute il le perdroit:
Mais vn vieux Courtisan n'est pas si fort credule,
Il voit quand on le iouë, & quand on dissimule,
Et moy, i'en ay tant veu de toutes les façons
Qu'à luy-mesme au besoin i'en ferois des leçons.

ALBIN.

Dieux, que vous vous gesnez par cette deffiance!

FELIX.

Pour subsister en Cour c'est la haute science,

POLYEVCTE

Quand vn homme vne fois a droit de nous hayr
Nous deuons préfumer qu'il cherche à nous trahir,
Toute fon amitié nous doit eftre fufpecte;
Si Polyeucte en fin n'abandonne fa fecte,
Quoy que fon protecteur ait pour luy dans l'efprit,
Ie fuiuray hautement l'ordre qui m'eft prefcrit.

ALBIN.

Grace, grace, Seigneur, que Pauline l'obtienne.

FELIX.

Celle de l'Empereur ne fuyuroit pas la mienne,
Et loin de le tirer de ce pas hazardeux
Ma bonté ne feroit que nous perdre tous deux.

ALBIN.

Mais Seuere promet...

FELIX.

Albin, ie m'en deffie,
Et cognois mieux que luy la haine de Decie,
En faueur des Chreftiens s'il choquoit fon couroux
Luy-mefme affeurément fe perdroit auec nous.
Ie veux tenter pourtant encor vne autre voye,
Il parle à Cleon. Amenez Polyeucte, & fi ie le renuoye,

TRAGEDIE.

S'il demeure infenfible à ce dernier effort,
Au fortir de ce lieu qu'on luy donne la mort.

ALBIN.

Voftre ordre eft rigoureux.

FELIX.

          Il faut que ie le fuyue
Si ie veux empefcher qu'vn defordre n'arriue.
Ie voy le peuple émeu pour prendre fon party,
Et toy-mefme tantoft tu m'en as aduerty:
Dans ce zele pour luy qu'il fait defia paroiftre,
Ie ne fçay fi long-temps i'en pourrois eftre maiftre,
Peut-eftre dés demain, dés la nuit, dés ce foir
I'en verrois des effets que ie ne veux pas voir,
Et Seuere auffi-toft courant à fa vangeance
M'iroit calomnier de quelque intelligence.
Il faut rompre ce coup qui me feroit fatal.

ALBIN.

Que voftre deffiance eft vn eftrange mal!   *(ge,*
Tout vous nuit,tout vous perd,tout vous fait de l'ombra-
Mais voyez que fa mort mettra ce peuple en rage,
Que c'eft mal le guerir que le defefperer.

FELIX.

En vain apres ſa mort il voudra murmurer,
Et s'il oſe venir à quelque violence,
C'eſt à faire à ceder deux iours à l'inſolence,
I'auray fait mon deuoir quoy qu'il puiſſe arriuer:
Mais Polyeucte vient, tâchons à le ſauuer.
Soldats, retirez-vous, & gardez bien la porte.

Polyeucte vient auec ſes gardes, qui ſoudain ſe retirent.

SCENE II.

FELIX, POLYEVCTE, ALBIN.

FELIX.

AS-tu donc pour la vie vne haine ſi forte,
Malheureux Polyeucte, & la loy des Chreſtiens
T'ordonne-t'elle ainſi d'abandonner les tiens?

POLYEVCTE.

Ie ne hay point la vie, & i'en ayme l'vſage,
Mais ſans attachement qui ſente l'eſclauage,

Tousiours prest à la rendre au Dieu dont ie la tiens,
La raison me l'ordonne & la loy des Chrestiens,
Et ie vous monstre à tous par là comme il faut viure
Si vous auez le cœur assez bon pour me suyure.

FELIX.

Te suyure dans l'abysme où tu te veux ietter?

POLYEVCTE.

Mais plustost dans la gloire où ie m'en vay monter.

FELIX.

Donne-moy pour le moins le temps de la cognoistre,
Pour me faire Chrestien, sers-moy de guide à l'estre,
Et ne dédaigne pas de m'instruire en ta foy,
Ou toy-mesme à ton Dieu tu répondras de moy.

POLYEVCTE.

N'en riez point, Felix, il sera vostre iuge,
Vous ne trouuerez point deuant luy de refuge,
Les Roys & les bergers y sont d'vn mesme rang,
De tous les siens sur vous il vangera le sang.

FELIX.

Ie n'en répandray plus, & quoy qu'il en arriue

Dans la foy des Chreſtiens ie ſouffriray qu'on viue,
I'en ſeray protecteur.

POLYEVCTE.

Non, non, perſecutez,
Et ſoyez l'inſtrument de nos felicitez,
Auſſi bien vn Chreſtien n'eſt rien ſans les ſouffrances,
Les plus cruels tourmens nous ſont des recompenſes,
Dieu qui rend le centuple aux bonnes actions,
Pour comble donne encor les perſecutions:
Mais ces ſecrets pour vous ſont fâcheux à comprendre,
Ce n'eſt qu'à ſes Eſleus que Dieu les fait entendre.

FELIX.

Ie te parle ſans fard, & veux eſtre Chreſtien.

POLYEVCTE.

Qui peut donc retarder l'effet d'vn ſi grand bien?

FELIX.

La preſence importune …

POLYEVCTE.

Et de qui? de Seuere?

FELIX.

FELIX.

Pour luy seul contre toy i'ay feint tant de colere,
Dissimule vn moment iusques à son depart.

POLYEVCTE.

Felix, c'est donc ainsi que vous parlez sans fard?
Portez à vos Payens, portez à vos idoles
Le sucre empoisonné que versent vos paroles,
Vn Chrestien ne craint rien, ne dissimule rien,
Aux yeux de tout le monde il est tousiours Chrestien.

FELIX.

Ce Zele de ta foy ne sert qu'à te seduire
Si tu cours à la mort plustost que de m'instruire.

POLYEVCTE.

Ie vous en parlerois icy hors de saison,
Elle est vn don du Ciel & non de la raison,
Et c'est là que bien-tost voyant Dieu face à face
Plus aisément pour vous i'obtiendray cette grace.

FELIX.

Ta perte cependant me va desesperer.

O

POLYEVCTE

POLYEVCTE.

Vous auez en vos mains dequoy la reparer,
En vous oſtant vn gendre on vous en donne vn autre
Dont la condition reépond mieux à la voſtre,
Ma perte n'eſt pour vous qu'vn change auantageux.

FELIX.

Ceſſe de me tenir ce diſcours outrageux,
Ie t'ay conſideré plus que tu ne merites,
Mais malgré ma bonté qui croiſt quand tu l'irrites
Cette inſolence en fin te rendroit odieux,
Et ie me vangerois auſſi bien que nos Dieux.

POLYEVCTE.

Quoy ! vous changez bien-toſt d'humeur & de langage!
Le zele de vos Dieux rentre en voſtre courage!
Celuy d'eſtre Chreſtien s'échappe, & par hazard
Ie vous viens d'obliger à me parler ſans fard!

FELIX.

Va, ne preſume pas que quoy que ie te iure
De tes nouueaux Docteurs ie ſuiue l'impoſture,
Ie flattois ta manie afin de t'arracher
Du honteux précipice où tu vas trébucher,

Ie voulois gaigner temps pour ménager ta vie
Apres l'éloignement d'vn flatteur de Decie,
Mais i'ay fait trop d'iniure à nos Dieux tout-puiſſans,
Choiſy de leur donner ton ſang, ou de l'encens.

POLYEVCTE.

Mon choix n'eſt point douteux, mais i'apperçoy Pauline,
O Ciel !

SCENE III.

FELIX, POLYEVCTE, PAVLINE, ALBIN.

PAVLINE.

Qvi de vous deux auiourd'huy m'aſſaſſine?
Sont-ce tous deux enſemble, ou chacun à ſon tour?
Ne pourray-ie fléchir la nature, ou l'amour?
Et n'obtiendray-ie rien d'vn époux, ny d'vn pere?

O ij

POLYEVCTE

FELIX.

Parlez à voftre époux.

POLYEVCTE.

Viuez auec Seuere.

PAVLINE.

Tigre, affaßine-moy du moins fans m'outrager.

POLYEVCTE.

Ma pitié tant s'en faut cherche à vous foulager,
Noftre amour vous emporte à des douleurs fi vrayes,
Que rien qu'vn autre amour ne peut guerir ces playes:
Puifqu'vn fi grand merite a pù vous enflamer,
Sa prefence toufiours a droit de vous charmer,
Vous l'aymiez, il vous ayme, & fa gloire augmentée...

PAVLINE.

Que t'ay-ie fait, cruel, pour eftre ainfi traitée,
Et pour, me reprocher au mépris de ma foy
Vn amour fi puiffant que i'ay vaincu pour toy?
Voy pour te faire vaincre vn fi fort aduerfaire
Quels efforts à moy-mefme il a fallu me faire,

Quels combats i'ay donnez pour te donner vn cœur
Si iuſtement acquis à ſon premier vainqueur,
Et ſi l'ingratitude en ton cœur ne domine
Fay quelque effort ſur toy pour te rendre à Pauline,
Apren d'elle à forçer ton propre ſentiment,
Pren ſa vertu pour guide en ton aueuglement,
Souffre que de toy-meſme elle obtienne ta vie
Pour viure ſous tes loix à iamais aſſeruie.
Si tu peux reietter de ſi iuſtes deſirs
Regarde au moins ſes pleurs, écoute ſes ſoûpirs,
Ne deſeſpere pas vne ame qui t'adore.

POLYEVCTE.

Ie vous l'ay deſia dit, & vous le dis encore,
Viuez auec Seuere, ou mourez auec moy.
Ie ne mépriſe point vos pleurs ny voſtre foy,
Mais dequoy que pour vous noſtre amour m'entretienne
Ie ne vous cognois plus ſi vous n'eſtes Chreſtienne.
C'en eſt aſſez, Felix, reprenez ce couroux,
Et ſur cét inſolent vangez vos Dieux & vous.

PAVLINE.

Ah, mon pere, ſon crime à peine eſt pardonnable,
Mais s'il eſt inſensé, vous eſtes raiſonnable,

POLYEVCTE

La nature eſt trop forte & ſes aimables traits
Imprimez dans le ſang ne s'effacent iamais,
Vn pere eſt touſiours pere, & ſur cette aſſeurance
I'oſe appuyer encor vn reſte d'eſperance.
Iettez ſur voſtre fille vn regard paternel,
Ma mort ſuiura la mort de ce cher criminel,
Et les Dieux trouueront ſa peine illegitime
Puis qu'elle confondra l'innocence & le crime,
Et qu'elle changera par ce redoublement
En iniuſte rigueur vn iuſte chaſtiment.
Nos deſtins par vos mains rendus inſeparables
Nous doiuent rendre heureux enſemble, ou miſerables,
Et vous ſeriez cruel iuſques au dernier point
Si vous deſvniſßiez ce que vous auez ioint.
Vn cœur à l'autre vny iamais ne ſe retire,
Et pour l'en ſeparer il faut qu'on le déchire:
Mais vous eſtes ſenſible à mes iuſtes douleurs,
Et d'vn œil paternel vous regardez mes pleurs.

FELIX.

Ouy, ma fille, il eſt vray qu'vn pere eſt touſiours pere,
Rien n'en peut effacer le ſacré caractere,
Ie porte vn cœur ſenſible & vous l'auez percé,
Ie me ioints auec vous contre cet inſenſé.

Malheureux Polyeucte, es-tu seul insensible,
Et veux-tu rendre seul ton crime irremissible?
Peux-tu voir tant de pleurs d'vn cœur si détaché?
Peux-tu voir tant d'amour sans en estre touché?
Ne recognois-tu plus ny beau-pere, ny femme,
Sans amitié pour l'vn, & pour l'autre sans flame?
Pour reprendre les noms & de gendre & d'époux,
Veux-tu nous voir tous deux embrasser tes genoux?

POLYEVCTE.

Que tout cet artifice est de mauuaise grace!
Apres auoir deux fois essayé la menace,
Apres m'auoir fait voir Nearque dans la mort,
Apres auoir tenté l'amour & son effort,
Apres m'auoir monstré cette soif du Baptesme,
Pour opposer à Dieu l'interest de Dieu mesme,
Vous vous ioignez ensemble! Ah ruses de l'Enfer!
Faut-il tant de fois vaincre auant que triompher?
Vos resolutions vsent trop de remise,
Prenez la vostre enfin puis que la mienne est prise.
Ie n'adore qu'vn Dieu, maistre de l'Vniuers,
Sous qui tremblent le Ciel, la Terre, & les Enfers,
Vn Dieu qui nous aimant d'vne amour infinie
Voulut mourir pour nous auec ignominie,

POLYEVCTE

Et qui par vn excez de cette mesme amour
Veut pour nous en victime estre offert chaque iour.
Mais t'ay tort d'en parler à qui ne peut m'entendre,
Voyez l'aueugle erreur que vous osez defendre,
Des crimes les plus noirs vous soüillez tous vos Dieux,
Vous n'en punissez point qui n'ait son maistre aux Cieux,
La prostitution, l'adultere, l'inceste,
Le vol, l'assassinat, & tout ce qu'on deteste,
C'est l'exemple qu'à suyure offrent vos Immortels,
I'ay profané leur Temple, & brisé leurs Autels,
Ie le ferois encor si i'auois à le faire
Mesme aux yeux de Felix, mesme aux yeux de Seuere,
Mesme aux yeux du Senat, aux yeux de l'Empereur.

FELIX.

En fin ma bonté cede à ma iuste fureur,
Adore-les, ou meurs.

POLYEVCTE.

Ie suis Chrestien.

FELIX.

Impie,
Adore-les, te dis-ie, ou renonce à la vie.

POL.

POLYEVCTE.

Ie suis Chreſtien.

FELIX.

Tu l'es ? ô cœur trop obſtiné !
Soldats, executez l'ordre que i'ay donné.

PAVLINE.

Où le conduiſez-vous?

FELIX.

A la mort.

POLYEVCTE.

A la gloire,
Chere Pauline, Adieu, conſeruez ma memoire.

PAVLINE.

Ie te ſuyuray par tout, & meſmes au trépas.

POLYEVCTE.

Sortez de voſtre erreur, ou ne me ſuyuez pas.

FELIX.

Qu'on l'oſte de mes yeux & que l'on m'obeyſſe,
Puiſqu'il ayme à perir ie conſents qu'il periſſe.

P.

Cleon & les autres gardes ſortent & conduiſent Polyeucte, Pauline le ſuit.

SCENE IV.

FELIX, ALBIN.

FELIX.

IE me fais violence, Albin, mais ie l'ay deu,
Ma bonté naturelle aisément m'euſt perdu:
Que la rage d'vn peuple à preſent ſe déploye,
Que Seuere en fureur tonne, éclate, foudroye,
M'eſtant fait cét effort i'ay fait ma ſeureté.
Mais n'es-tu point ſurpris de cette dureté?
Vois-tu comme le ſien des cœurs impenetrables,
Ou des impietez à ce point execrables?
Du moins i'ay ſatisfait à mon cœur affligé,
Pour amollir le ſien ie n'ay rien negligé,
I'ay feint meſme à tes yeux des lachetez extrémes,
Et certes ſans l'horreur de ſes derniers blaſphemes
Qui m'ont remply ſoudain de colere & d'effroy,
I'aurois eu de la peine à triompher de moy.

ALBIN.

Vous maudirez peut-eſtre vn iour cette victoire
Qui tient ie ne ſçay quoy d'vne action trop noire,
Indigne de Felix, indigne d'vn Romain,
Répandant voſtre ſang par voſtre propre main.

FELIX.

Ainſi l'ont autrefois versé Brute & Manlie,
Et leur gloire en a creu, loin d'en eſtre affoiblie,
Iamais nos vieux Heros n'ont eu de mauuais ſang
Qu'ils n'euſſent pour le perdre ouuert leur propre flanc.

ALBIN.

Voſtre ardeur vous ſeduit, mais quoy qu'elle vous die,
Quand vous la ſentirez vne fois refroidie,
Quand vous verrez Pauline, & que ſon deſeſpoir
Par ſes pleurs & ſes cris pourra vous émouuoir...

FELIX.

Tu me fais ſouuenir qu'elle a ſuiuy ce traiſtre,
Et que ce deſeſpoir qu'elle fera paroiſtre
De mes commandemens pourra troubler l'effet:
Va donc y donner ordre & voir ce qu'elle fait,

Romps ce que ſes douleurs y donneroient d'obſtacle,
Tire-la ſi tu peux de ce triſte ſpectacle,
Tache à la conſoler, va donc, qui te retient?

ALBIN.

Il n'en eſt pas beſoin, Seigneur, elle reuient.

SCENE V.

FELIX, PAVLINE, ALBIN.

PAVLINE.

P Ere barbare, acheue, acheue ton ouurage,
Cette ſeconde hoſtie eſt digne de ta rage,
Ioins ta fille à ton gendre, oſe, que tardes-tu?
Tu vois le meſme crime, ou la meſme vertu,
Ta barbarie en elle a les meſmes matieres,
Mon époux en mourant m'a laiſſé ſes lumieres,
Son ſang dont tes bourreaux viennent de me couurir
M'a deſſillé les yeux & me les vient d'ouurir.

TRAGEDIE.

Ie voy, ie ſçay, ie croy, ie ſuis deſabusée,
De ce bien-heureux ſang tu me vois baptisée,
Ie ſuis Chreſtienne en fin, n'eſt-ce point aſſez dit?
Conſerue en me perdant ton rang & ton credit,
Redoute l'Empereur, apprehende Seuere,
Si tu ne veux perir, ma perte eſt neceſſaire,
Polyeucte m'appelle à cét heureux trépas,
Ie voy Nearque & luy qui me tendent les bras,
Méne, méne-moy voir tes Dieux que ie deteſte,
Ils n'en ont brisé qu'vn, ie briſeray le reſte,
On m'y verra brauer tout ce que vous craignez,
Ces foudres impuiſſans qu'en leurs mains vous peignez,
Et ſaintement rebelle aux loix de la naiſſance
Vne fois enuers toy manquer d'obeyſſance.
Ce n'eſt point ma douleur que par la ie fais voir,
C'eſt la grace qui parle & non le deſeſpoir,
Le faut-il dire encor, Felix? ie ſuis Chreſtienne,
Affermy par ma mort ta fortune & la mienne,
Le coup a l'vn & l'autre en ſera precieux
Puiſqu'il t'aſſeure en terre en m'éleuant aux Cieux.

SCENE
DERNIERE

FELIX, SEVERE, PAVLINE, ALBIN, FABIAN.

SEVERE.

PEre dénaturé, malheureux Politique,
   Efclaue ambitieux d'vne peur chimerique,
Polyeucte eft donc mort, & par vos cruautez
Vous penfez conferuer vos triftes dignitez?
La faueur que pour luy ie vous auois offerte
Au lieu de le fauuer précipite fa perte,
I'ay prié, menacé, mais fans vous émouuoir,
Et vous m'auez creu fourbe, ou de peu de pouuoir.
Et bien, à vos dépens vous fçaurez que Seuere
Ne fe vante iamais que de ce qu'il peut faire,
Et par voftre ruine il vous fera iuger
Que qui peut bien vous perdre euft peu vous proteger.

TRAGEDIE.

Continuez aux Dieux ce seruice fidelle,
Par de telles horreurs monstrez-leur vostre Zele,
Adieu, mais quand l'orage éclatera sur vous,
Ne doutez point du bras dont partiront les coups.

FELIX.

Arrestez-vous, Seuere, & d'vne ame appaisée
Souffrez que ie vous liure vne vangeance aisée.
Ne me reprochez plus que par mes cruautez,
Ie tâche à conseruer mes tristes dignitez,
Ie dépose à vos pieds l'éclat de leur faux lustre,
Celle où i'ose aspirer est d'vn rang plus illustre,
Ie m'y trouue forcé par vn secret appas,
Ie cede à des transports que ie ne cognois pas,
Et par vn mouuement que ie ne puis entendre
De ma fureur ie passe au Zele de mon gendre.
C'est luy, n'en doutez point, dont le sang innocent
Pour son persecuteur prie vn Dieu tout-puissant,
Son amour épandu sur toute la famille
Tire apres luy le pere aussi bien que la fille,
I'en ay fait vn Martyr, sa mort me fait Chrestien,
I'ay fait tout son bon-heur, il veut faire le mien,
C'est ainsi qu'vn Chrestien se vange & se courouce,
Heureuse cruauté dont la suite est si douce!

POLYEVCTE

Donne la main, Pauline. Apportez des liens,
Immolez à vos Dieux ces deux rouueaux Chreſtiens,
Ie le ſuis, elle l'eſt, ſuyuez voſtre colere.

PAVLINE.

Qu'heureuſement en fin ie retrouue mon pere!
Cét heureux changement rend mon bon-heur parfait.

FELIX.

Ma fille, il n'appartient qu'à la main qui le fait.

SEVERE.

Qui ne ſeroit touché d'vn ſi tendre ſpectacle?
De pareils changemens ne vont point ſans miracle,
Sans doute vos Chreſtiens qu'on perſecute en vain
Ont quelque choſe en eux qui ſurpaſſe l'humain.
Ils ménent vne vie auec tant d'innocence
Que le Ciel leur en doit quelque recognoiſſance,
Se releuer plus forts plus ils ſont abbatus
N'eſt pas auſſi l'effet des communes vertus.
Ie les aymay touſiours quoy qu'on m'en ait pû dire,
Ie n'en voy point mourir que ce cœur n'en ſoûpire,
Et peut-eſtre qu'vn iour ie les cognoiſtray mieux.
I'approuue cependant que chacun ait ſes Dieux,

Qu'il

Qu'il les ferue à fa mode & fans peur de la peine,
Si vous eftes Chreftien, ne craignez plus ma haine,
Ie les ayme, Felix, & de leur protecteur
Ie n'en veux pas en vous faire vn perfecuteur.
Gardez voftre pouuoir, reprenez-en la marque,
Seruez bien voftre Dieu, feruez noftre Monarque,
Ie perdray mon credit enuers fa Maiefté
Ou bien il quittera cette feuerité,
Par cette iniufte haine il fe fait trop d'outrage.

FELIX.

Daigne le Ciel en vous acheuer fon ouurage,
Et pour vous rendre vn iour ce que vous meritez
Vous infpire bien-toft toutes fes veritez.
Nous autres beniffons noftre heureufe auanture,
Allons à nos Martyrs donner la fepulture,
Baifer leurs corps facrez, les mettre en digne lieu,
Et faire retentir par tout le nom de Dieu.

Fin du cinquiéme & dernier Acte.

Q

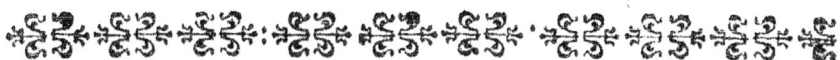

PRIVILEGE DV ROY.

LOVIS par la grace de Dieu Roy de France & de Nauarre, A nos amez & feaux Confeillers les gens tenans nos Cours de Parlement, Maiftres des Requeftes ordinaires de noftre Hoftel, Baillifs, Senefchaux, Preuofts, leurs Lieutenans, & à tous autres de nos Iufticiers & Officiers qu'il appartiendra, Salut. Noftre cher & bien amé le Sieur Corneille nous a fait remonftrer qu'il a compofé vne Tragedie Chreftienne intitulée, POLYEVCTE MARTYR, laquelle il defireroit faire imprimer s'il nous plaifoit luy accorder nos Lettres fur ce neceffaires. A ces caufes, & defirant gratifier & fauorablement traiter ledit fieur Corneille, nous luy auons permis & permettons par ces prefentes, de faire imprimer, vendre & diftribuer en tous les lieux de noftre obeïffance, ladite Tragedie Chreftienne intitulée Polyeucte, par luy compofée, & ce par tel Imprimeur ou Libraire qu'il voudra choifir, en telle marge, caracteres, & autant de fois que bon luy femblera, durant l'efpace de dix ans entiers & accomplis, à compter du iour qu'elle fera acheuée d'imprimer pour la premiere fois. Et faifons tres-expreffes deffenfes à tous Imprimeurs, Libraires, & autres perfonnes de quelque qualité & condition qu'elles foient, de l'imprimer, faire imprimer, vendre & debiter en aucun lieu de noftre obeyffance, fous pretexte d'augmentation, correction, changement de tiltre, fauffe marque, ou autrement en quelque forte & maniere que ce foit, fans le confentement dudit S' Corneille, ou de ceux qui aurôt droit de luy. Deffendons auffi à tous Marchands Libraires, Imprimeurs, & autres, tant François qu'eftrangers, d'apporter ny vendre en ce Royaume des exemplaires de ladite Tragedie imprimée hors iceluy fans la permiffion de l'expofant, à peine de trois milliures d'amende, payables par chacun des contreuenans, & applicables vn tiers à Nous, vn tiers à l'Hoftel Dieu de Paris, & l'autre

tiers audit expofant, ou au Libraire duquel il fe fera feruy, de con-
fifcation des exemplaires contrefaits, & de tous defpens, dommma-
ges & interefts. A condition qu'il fera mis deux exemplaires de
ladite Tragedie en noftre Bibliotecque publique, & vne en celle de
noftre tres-cher & feal le fieur Seguier Cheualier Chancelier de
France, auant que de les expofer en vente, à peine de nullité des
prefentes: Du contenu defquelles nous voulons & vous mandons
que vous faffiez ioüir plainement & paifiblement ledit fieur Corneille, & ceux qui auront droit de luy, fans fouffrir qu'il leur foit
donné aucun empefchement. Voulons aufi qu'en mettant au com-
mencement ou à la fin dudit liure vn extrait des prefentes, elles
foient tenuës pour deüement fignifiées, & que foit y foit adiouftée,
& aux copies collationnées par vn de nos amez & feaux Confeillers & Secretaires, comme à l'original. Mandons au premier noftre Huiffier ou Sergent fur ce requis, de faire pour l'execution des
prefentes tous exploits neceffaires, fans demäder autre permiffion:
Car tel eft noftre plaifir. Nonobftant clameur de Haro, Chartre
Normande, & autres lettres à ce contraires. Donné à Paris le tren-
tiefme Ianuier, l'an de grace 1643. Et de noftre regne le trente troi-
fiefme. Signé par le Roy en fon Confeil, CONRARD. Et fcellé
du grand fceel de cire jaune.

---

*Acheué d'imprimer à Roüen pour la premiere fois, aux dépens de l'Autheur
par Laurens Maurry, ce 20. iour d'Octobre 1643.*

www.ingramcontent.com/pod-product-compliance
Lightning Source LLC
Chambersburg PA
CBHW051726090426
42738CB00010B/2111